초등학교부터 시작하는 논술
오디세이
6 단계

머리말

오디세이는 미국 하버드대학 교수들이 중심이 되어 개발한 세계적인 사고력 개발 프로그램입니다. 어린이철학교육연구소는 지금으로부터 8년 전 이 프로그램을 번역하여 한길사를 통해 펴낸 바 있습니다. 그 후 이 프로그램은 전국의 학부모, 교사들로부터 아낌없는 칭송을 받아 왔습니다. 그러나 이 프로그램의 놀라운 성과와는 별도로 한 가지 해결해야 할 문제가 있었는데, 이는 난이도에 따라 단계적으로 구성되지 않았다는 점입니다. 그 동안 이 프로그램은 주로 초등학생들이 널리 사용해 왔는데, 이때 부딪히는 문제가 바로 그런 문제였던 것입니다. "오디세이 프로그램은 몇 학년부터 이용해야 좋은가? 저학년도 할 수 있을 것 같아 사서 해 보니 갑자기 너무 어려워 도중에 그만두고 말았다." 등등 주로 단계별 난이도에 관한 문의가 많았습니다. 이에 우리 연구소 연구팀은 이 프로그램을 현장에 투입해 본 실전 경험을 살려, 기초가 되는 1단계부터 시작해서 6단계까지 모두 6권의 책으로 이를 재구성해 다시 펴내게 된 것입니다. 이제는 초등학교 1학년부터 6학년까지 누구나 1단계부터 시작하여 차례차례 가능한 단계까지 이 프로그램에 도전할 수 있게 된 것입니다.

〈오디세이〉의 주인공 오디세우스가 온갖 어려움을 극복하고 마침내 꿈에 그리던 고향집으로 돌아갔듯이, 이 책을 공부하는 학생들도 〈오디세이〉의 생각모험을 통해 고차적 사고력을 얻고 뜻했던 곳으로 나아갈 것을 믿습니다. 이 책은 지난 몇 년 간 어린이철학교육연구소에서 공부하는 1학년부터 6학년까지의 어린이들이 실제로 〈오디세이〉 프로그램에 도전하면서 보여준 놀라운 성취와 함께 그들이 만났던 어려움과 시행착오를 밑거름으로 삼아 심규장 박사가 이를 종합·정리하여 다시 만들었습니다.

처음 〈오디세이〉 프로그램을 함께 연구하고 번역할 때 노력을 아끼지 않은 전영삼, 남철우, 서규선, 임근용, 위향숙, 손재원, 김상준 선생님들의 노고를 잊을 수 없으며, 이번에 새로 책을 만들면서 주도적인 노력을 한 심규장 박사께 깊은 감사를 드립니다. 또한 보다 좋은 책이 될 수 있도록 정성을 다한 소년한길 편집부에도 감사를 드립니다.

2002년 11월 19일
어린이철학교육연구소 소장 박민규

6단계에서 배울 내용

사람은 순간순간 의사 결정을 하면서도, 의사 결정에 대해 충분히 주의를 기울이지도 않고 잘 의식하지도 못하면서 살아갑니다. 여기서는 우리가 늘 하는 선택(의사 결정)에 대해서 깊이 생각해 보고 분석해 봄으로써 좀더 의미 있고 성공적인 의사 결정 방법을 익히게 됩니다.

바람직한 대안의 선택

먼저, 선택의 결과가 분명히 드러나는 문제들을 놓고 의사 결정을 하는 법을 배우게 됩니다. 그리고 의사 결정이 필요한 경우와 그렇지 못한 경우를 구별하고, 바람직한 결과를 가져올 대안을 선택하는 방법을 알아봅니다. 결과를 분명히 예측할 수 없을 경우에 최선의 선택을 하는 방법에 대해서도 알아봅니다. 다음으로, 선택한 대안의 결과를 우선 순위에 따라 점수로 계산하는 방법을 배워서 실생활에 적용하는 방법을 배우게 됩니다.

의사 결정의 심화

적합한 정보와 부적합한 정보를 구별하는 방법, 일관성 점검표를 만들어 일관된 정보를 찾아내는 방법, 신빙성 있는 출처를 가진 정보를 추려내는 방법을 배웁니다.

어려운 문제 해결

3단계에서 배운 문제 해결 방법의 심화 과정으로, 그림이나 표로 나타낼 수 없는 문제의 해결 방법과, 예상 답안이 너무 많아서 일일이 답을 적용하기 어려운 경우에 어떻게 문제를 해결하는지 배우게 됩니다.

차례

머리말 · 2
6단계에서 배울 내용 · 3

I. 간단한 의사 결정

1. 순간순간이 선택이고 결정이다
- 첫 번째 생각여행 의사 결정이란 무엇인가 · 8
- 두 번째 생각여행 최선의 의사 결정 · 10
- 생각연습 · 12

2. 결과를 알 수 있는 의사 결정
- 첫 번째 생각여행 좋은 결과가 예상되는 대안들 · 16
- 두 번째 생각여행 서로 다른 결과가 예상되는 대안들 · 17
- 세 번째 생각여행 좋지 않은 결과가 예상되는 대안들 · 18
- 네 번째 생각여행 결과에 대한 설명 · 20
- 생각연습 · 21

3. 결과를 알 수 없는 의사 결정
- 첫 번째 생각여행 결과를 예상할 수 없는 대안들 · 24
- 두 번째 생각여행 중립적인 결과가 나오는 의사 결정 · 25
- 세 번째 생각여행 결과를 알 수 있는 것과 알 수 없는 것이 함께 있는 경우의 의사 결정 · 27
- 생각연습 · 29

II. 복잡한 의사 결정

4. 좋아하는 순서대로 결정하기
- 첫 번째 생각여행 항목에 따른 선호도 평가하기 · 34
- 두 번째 생각여행 선호도 점검법의 적용 · 36
- 생각연습 · 37

5. 중요도 순서대로 결정하기
- 첫 번째 생각여행 중요도를 고려하지 않은 선호도 점검표 · 40
- 두 번째 생각여행 중요도에 따라서 항목을 분류하기 · 42
- 생각연습 · 43

Ⅲ. 정보 수집하기

6. 정보의 중요성
첫 번째 생각여행 정보가 부족한 경우의 의사 결정 · 48
생각연습 · 57

7. 적합한 정보를 구별해 내기
첫 번째 생각여행 적합한 정보와 부적합한 정보 · 64
생각연습 · 70

8. 정보의 일관성
첫 번째 생각여행 문제 해결에 적합한 정보와 부적합한 정보 · 72
두 번째 생각여행 정보를 정리하기 · 75
생각연습 · 80

9. 정보의 신빙성
첫 번째 생각여행 정보의 출처 · 82
두 번째 생각여행 신빙성 점검표 · 84
생각연습 · 88

10. 정보의 수집과 분석
첫 번째 생각여행 신빙성 검토 · 90
두 번째 생각여행 분석하기 · 92
생각연습 · 98

Ⅳ. 문제 해결 연습

11. 문제 해결 연습 ①
첫 번째 생각여행 체계적 시행착오의 방법 · 102
생각연습 · 106

12. 문제 해결 연습 ②
첫 번째 생각여행 숨겨진 단서 찾기 · 110
생각연습 · 112

6단계 평가문제 · 116
해답 및 학습지도안 · 124

I. 간단한 의사 결정

1 순간순간이 선택이고 결정이다

▶▶▶오늘 생각할 내용

1. 의사 결정이란 무엇이며, 언제 필요한가?
2. 의사 결정이 필요한 경우와 필요하지 않은 경우를 어떻게 구별할 수 있을까?
3. 여러 가지 대안들 중에서 가장 바람직한 결과를 가져다주는 것은 어떤 것인가?

  의사 결정이란 무엇인가

1-1 여기에 풍선이 3개 있습니다. 이것을 한 사람에게 주고 마음대로 처리하라고 하겠습니다.

1) 이 풍선을 받은 사람이 할 수 있는 선택은 어떤 것들이지요?

2) 위에서 말한 것 이외의 선택에는 어떤 것이 있나요?

1-2 다음 그림들을 보고 생각해 봅시다.

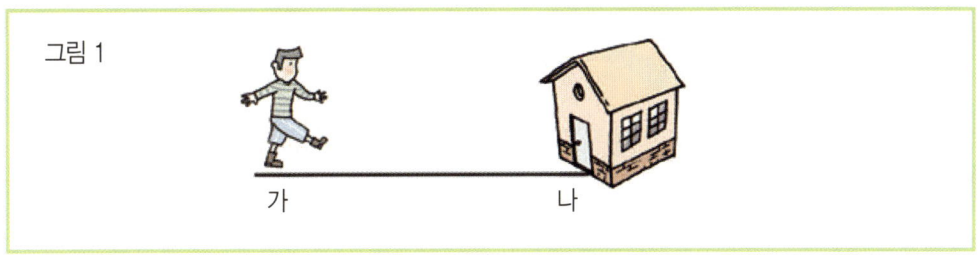

1) 〈가〉에 있는 소년이 〈나〉에 있는 집으로 들어가는 길을 선택하는 의사결정 방법은 몇 가지인가요?

2) 〈가〉에 있는 소녀가 〈나〉에 있는 집으로 들어가는 길을 선택하는 의사결정 방법은 몇 가지인가요?

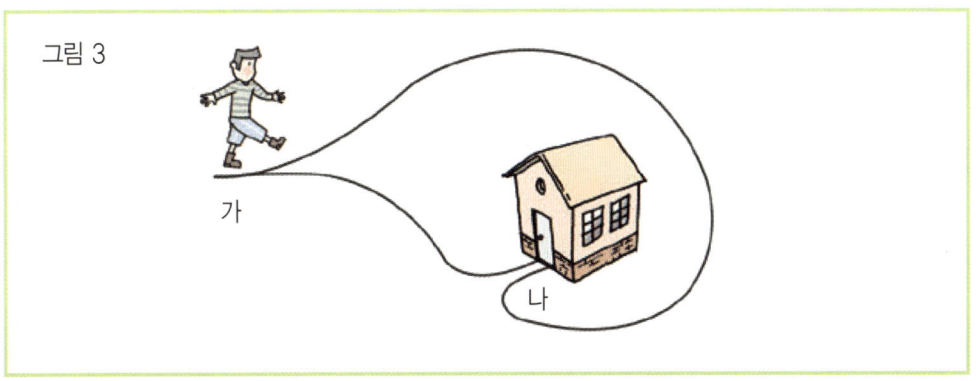

3) 〈가〉에 있는 소년이 〈나〉에 있는 집으로 들어가는 길을 선택하는 의사결정 방법은 몇 가지인가요?

두 번째 생각여행 최선의 의사 결정

2-1 다음 그림들을 보면서 여러 가지 대안들 중에서, 쓸모 있는 대안과 쓸모 없는 대안을 구별해 봅시다.

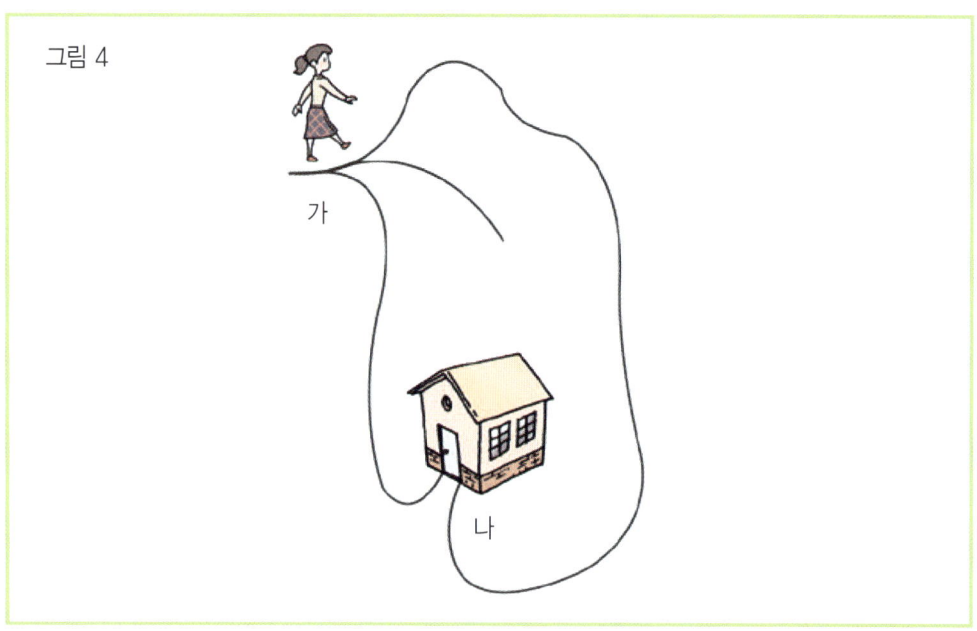

그림 4

1) 소녀가 〈가〉에서 〈나〉에 있는 집에 가려면 어떤 대안들이 있나요?

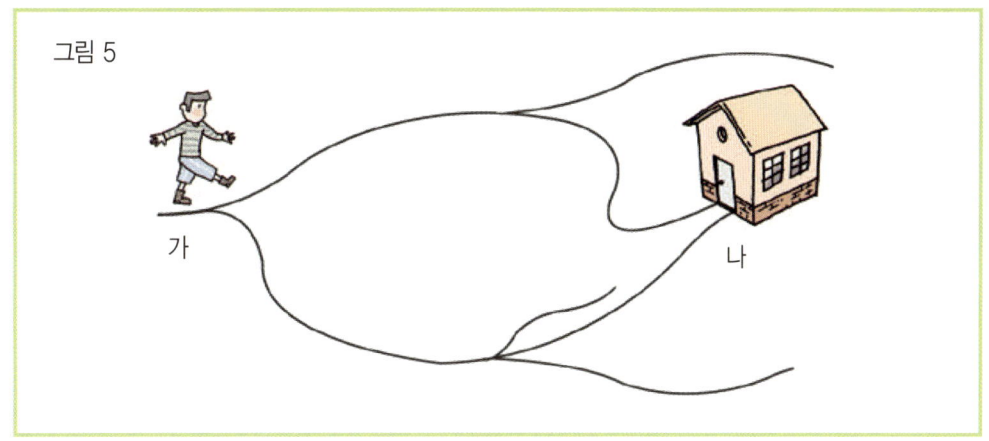

그림 5

2) 소년이 〈가〉에서 〈나〉에 있는 집에 가려면 어떤 대안들이 있나요?

　　① 쓸모 있는 대안

　　② 쓸모 없는 대안

2-2 다음 물음에 답해 보세요.

1) 의사 결정이란 무엇인가?

2) 우리는 의사 결정을 할 때 항상 무엇인가 하나를 꼭 선택해야 하는가?

3) 대안이 여러 개 있을 때만 의사 결정이 필요한가?

4) 어떤 문제든 의사 결정이 되면, 그 문제는 항상 해결되는가?

3-1 다음 물음에 답해 보세요.

1) 다음 중에서 의사 결정이 필요한 것과 필요하지 않은 것을 구별해 보세요. 그리고 그 이유를 말해 봅시다.

   ① 만화책을 읽을까 말까?
   ② 잠을 잘까 말까?
   ③ 가슴을 두근거리게 해 볼까?
   ④ 개에게 물려 볼까?
   ⑤ 솔직하게 말할까 말까?
   ⑥ 학교에 다닐까 말까?
   ⑦ 땀이 나게 해 볼까?
   ⑧ 하늘 색깔을 노랗게 만들어 볼까?

2) 문제 1)의 항목 외에, 의사 결정이 필요 없는 경우를 세 가지 말해 보세요.

   ·
   ·
   ·

3) 문제 1)의 항목 외에, 의사 결정이 필요한 경우를 세 가지 말해 보세요.

   ·
   ·
   ·

3-2 다음 이야기를 읽고 말해 봅시다.

> 민수는 어제 공원에서 놀고 집으로 돌아오는 길에 만 원짜리 1장을 주웠습니다. 그래서 그것을 호주머니에 넣고 집으로 돌아왔습니다.

1) 민수는 의사 결정을 하였나요?

2) 민수가 선택할 수 있는 다른 대안들을 모두 말해 보세요.

3-3 다음 그림을 보고 물음에 답해 봅시다.

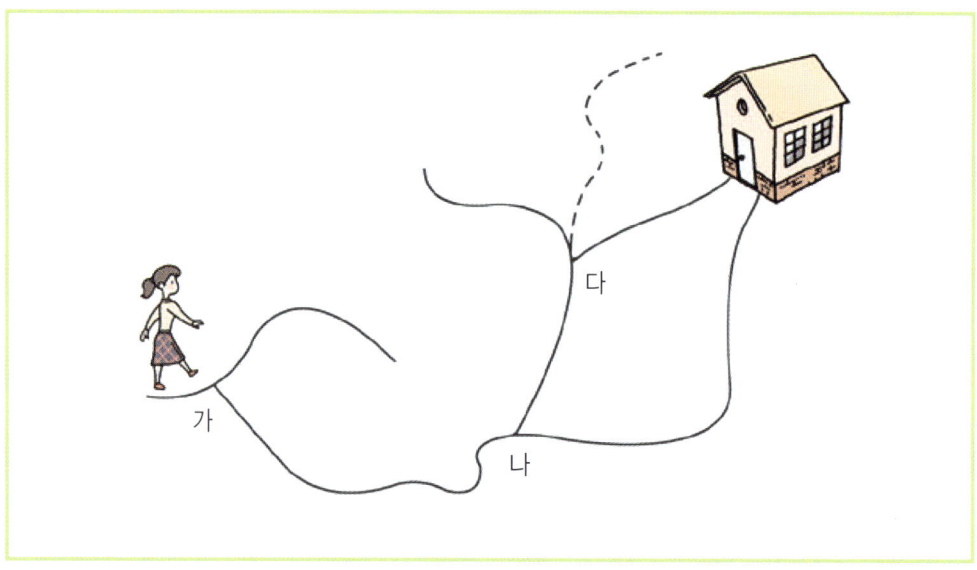

1) 영희는 지금 집으로 들어가려고 합니다. 〈가〉지점에서 영희는 몇 가지 선택을 할 수 있나요?

2) 〈가〉지점에서 실제로 집으로 갈 수 있는 것은 모두 몇 가지인가요?

3) 〈나〉지점에서 집으로 가는 방법 가운데 영희가 선택할 수 있는 방법은 모두 몇 가지인가요?

4) 〈다〉지점에서 선택 가능한 방법은 몇 가지인가요? 그 중에서 집으로 갈 수 있는 방법은 몇 가지인가요?

3-4 다음 글을 읽고 철우가 선택할 수 있는 대안과 그 결과를 정리해 봅시다.

> 철우는 설날 세뱃돈으로 3만 원이 생겼습니다. 철우는 평소에 하고 싶은 것이 많았기 때문에 고민을 하게 되었습니다. 철우는 오래 전부터 멋진 미니카를 사고 싶었습니다. 미니카를 갖고 논다고 생각만 해도 신이 났습니다. 그런데 며칠 있으면 누나의 생일이기 때문에 생일 선물을 준비해야 합니다. 누나에게 선물을 한다면 예쁜 인형이 좋을 것 같다고 생각했습니다. 다른 한편으로는, 영민이가 갖고 있는 것과 같은 컴퓨터 게임 CD를 사고 싶기도 합니다. 이런 것 저런 것 다 집어치우고 도덕 시간에 선생님이 말씀하신 대로 저축을 해서 중학교 입학금을 내 손으로 마련할까 하는 생각도 들었습니다.

1) 철우가 '하고 싶은 것들' 중에서 단 한 가지만 선택해야 한다면, 어떤 대안이 있을 수 있고, 그 결과는 어떻게 될까요?

선택 가능한 대안	그 결과

2 결과를 알 수 있는 의사 결정

▶▶▶ 오늘 생각할 내용

1. 똑같이 좋은 결과가 예상될 때 의사 결정 상황을 어떻게 나타내는가?
2. 서로 다른 결과가 예상될 때 의사 결정 상황을 어떻게 나타내는가?
3. 똑같이 나쁜 결과가 예상될 때 의사 결정 상황을 어떻게 나타내는가?

 좋은 결과가 예상되는 대안들

1-1 다음 그림은 의사 결정을 내릴 때의 결과를 그림으로 나타낸 것입니다. 어떤 상황인지 말로 설명해 보세요.

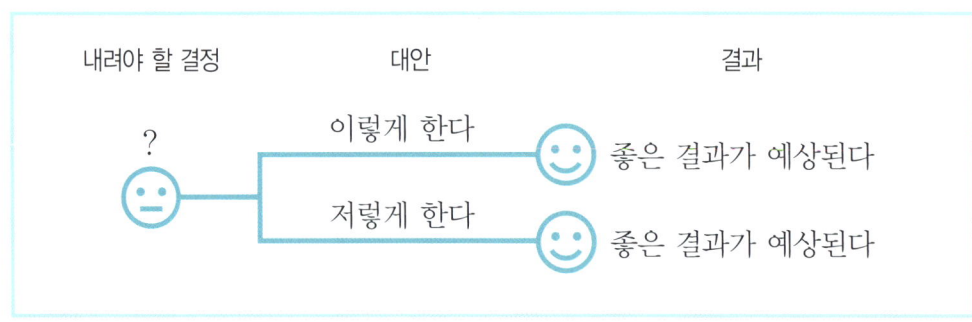

1-2 여러분은 어떤 결정을 내려도 좋은 결과가 나타날 것으로 예상된 적이 있었나요? 그런 예를 다음에 적어 볼까요?

- 결정 1의 상황: 일요일 오후 한가할 때
- 결정 2의 상황: 용돈으로 살 군것질거리
- 결정 3의 상황: 놀이공원에서 탈 놀이기구

	대안	좋은 결과
결정 1	비디오를 본다	
	동화책을 읽는다	
결정 2		
결정 3		

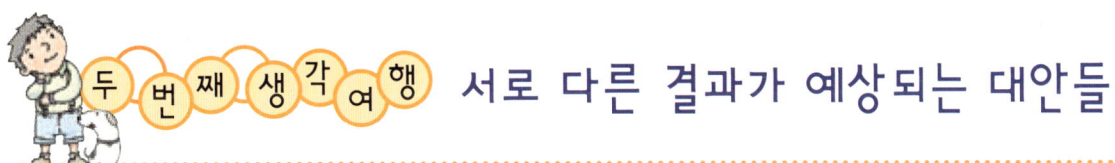 **두 번째 생각 여행** 서로 다른 결과가 예상되는 대안들

2-1 다음 그림은 의사 결정을 내렸을 때의 결과를 그림으로 나타낸 것입니다.

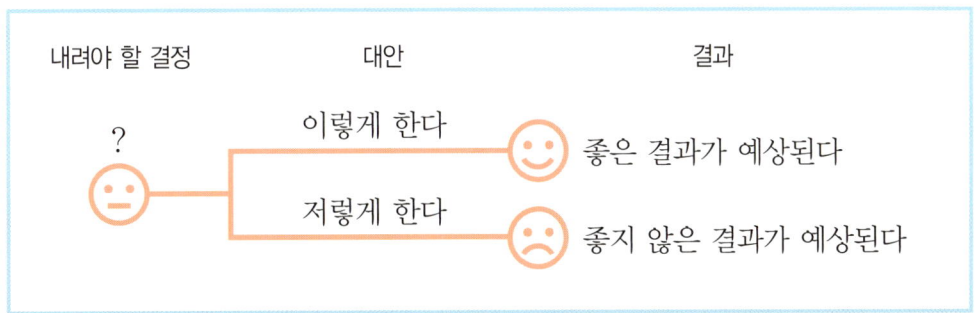

1) 이 그림을 말로 설명해 보세요.

2) 어떤 결정을 내렸을 때, 위와 같은 결과가 나오는 예를 들어 보세요.
   (단, 차원이 같은 경우일 것)

   · 결정 1의 상황: 식사시간에 밥을 먹는 일
   · 결정 2의 상황: 친구 생일에 초대받음
   · 결정 3의 상황: 친구가 PC방에 가자고 할 때

	대안	좋은 결과/나쁜 결과
결정 1	적당히 먹는다	소화가 잘 된다
	많이 먹는다	배탈이 난다
결정 2		
결정 3		

 좋지 않은 결과가 예상되는 대안들

3-1 다음 그림은 의사 결정을 내렸을 때의 결과를 그림으로 나타낸 것입니다.

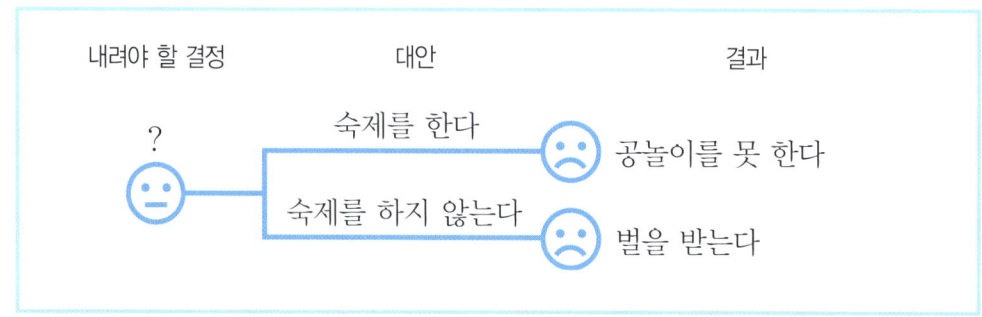

1) 이 그림을 말로 설명해 보세요.

2) 어떤 결정을 내렸을 때, 위와 같은 결과가 나오는 예를 들어 보세요.

- 결정 1의 상황: 수학 숙제를 안 했는데 텔레비전에서 재미있는 프로그램이 나온다.
- 결정 2의 상황: 컴퓨터 게임을 하고 있는데 엄마가 그만 하라고 하신다.
- 결정 3의 상황: 친구가 축구를 하자고 하는데 내일은 수학 경시 대회가 있는 날이다.

	대안	나쁜 결과/나쁜 결과
결정 1	텔레비전을 본다	엄마의 잔소리를 듣는다
	텔레비전을 안 본다	지겨운 수학숙제를 해야 한다
결정 2		
결정 3		

 **결과에 대한 설명**

4-1 다음 글을 읽고 영희가 결정해야 할 것을 그림으로 나타내어 보고 예상되는 결과를 생각해 봅시다.

> 영희는 TV 퀴즈대회에서 입상을 하여 상품을 받게 되었다. 영희가 받을 수 있는 상품은 다음과 같다.
> ① 스키 ② 자전거 ③ 카메라 ④ 비밀상자
> 영희는 자전거가 갖고 싶었기 때문에, 자전거를 받는다면 기쁠 것이다. 카메라는 이미 갖고 있기 때문에 그다지 필요한 것이 아니다. 스키를 받아도 좋을 것 같다고 생각했다. 지난번에 받은 비밀상자에는 30만 원이나 들어 있어서 모두를 놀라게 했다. 그러나 이번에는 무엇이 들어 있을지 아무도 모른다.

1) 영희가 선택할 대안과 결과를 그림으로 나타내어 보세요.

5-1 다음 이야기들을 읽고 어떤 결정을 내릴지 아래의 표에 그려 넣으세요.

> 철호는 어느 날 꿈을 꾸었는데, 수염이 하얀 산신령이 나타나 말하였다. 친절하고 건강하고 지혜로운 사람과 나약하고 어리석은 사람 중에서 하나를 선택하면 그대로 만들어 주겠다고. 철호는 무엇이라고 말해야 하는가?

1) 건강한 사람을 택할 경우와 나약한 사람을 택할 경우의 결과를 그림으로 나타내 보세요.

> 다음 날 밤, 또 산신령이 나타나 꼬마 도깨비가 들어 있는 상자를 하나 주었다. 그 속에 있는 도깨비가 착한 도깨비인지 나쁜 도깨비인지 알 수 없었다. 착한 도깨비는 세상의 죄악과 불행을 없애 주고, 악한 도깨비는 세상의 선함과 사랑을 없앨 것이라고 산신령은 말했다.

2) 상자를 받았을 경우의 결과를 그림으로 나타내 보세요.

사흘째, 산신령은 또 철호에게 물었다.

"내가 너에게 선물을 하나 주겠다. 여기 새 자전거와 새 미니카세트 중에서 원하는 것을 가져라."

여러분이 철호라면 어떤 것을 선택하겠습니까?

3) 자전거나 미니카세트를 택할 경우의 결과를 그림으로 나타내 보세요.

다음 날에도 산신령이 나타나 이번에는 둘 중의 하나를 꼭 선택하라고 말하였다. "너는 대머리가 되거나, 1년 동안 악몽을 꾸는 것 중에서 어느 하나를 선택해야 한다." 여러분이 철호라면 어떤 것을 선택하겠습니까?

4) 의사를 결정했을 경우의 결과를 웃는 얼굴 혹은 우는 얼굴로 나타내 보세요.

5-2 의사 결정이 필요한 문제를 만들어 봅시다.

1) 아래에 그려진 얼굴 모습에 맞게, 의사 결정이 필요한 경우를 생각해 보세요.

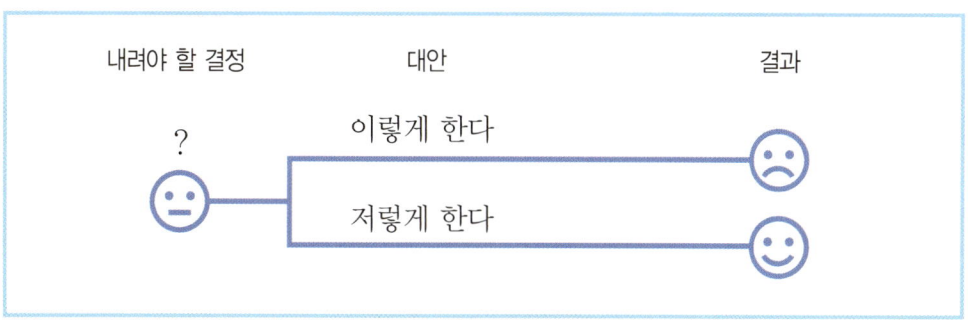

2) 아래에 그려진 얼굴 모습에 맞게, 의사 결정이 필요한 경우를 생각해 보세요.

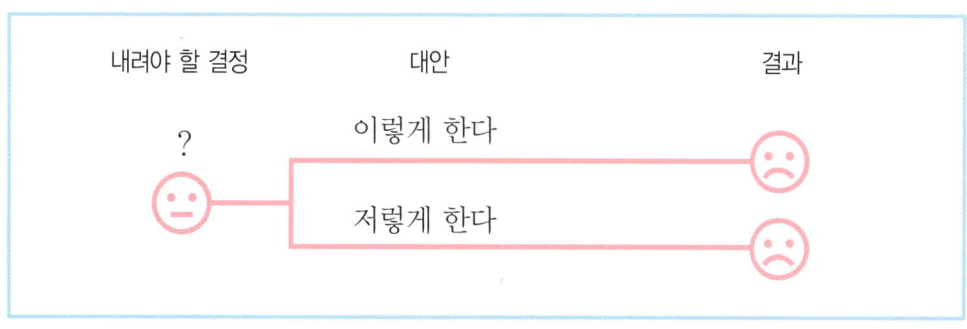

3 결과를 알 수 없는 의사 결정

▶▶▶ 오늘 생각할 내용

1. 선택의 결과를 알 수 없을 때 의사 결정을 어떻게 해야 할까?
2. 선택의 결과를 알 수 있는 것과 알 수 없는 것이 함께 있을 때 의사 결정을 어떻게 내려야 할까?

결과를 예상할 수 없는 대안들

1-1 다음 그림은 의사 결정을 내렸을 때의 결과를 그림으로 나타낸 것입니다.

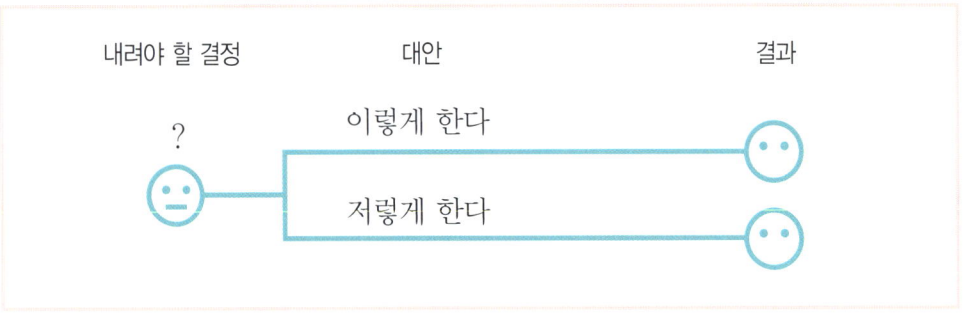

1) 이 그림을 말로 설명해 보세요.

2) 어떤 의사 결정의 경우에 앞과 같은 결과가 나오는지, 그 예를 들어 보세요.

결정해야 할 상황	대안	결과
아침에 날씨가 조금 흐리다	우산을 가져간다	알 수 없다
	우산을 가져가지 않는다	알 수 없다
		알 수 없다
		알 수 없다
		알 수 없다
		알 수 없다

두 번째 생각 여행 　중립적인 결과가 나오는 의사 결정

2-1　의사 결정에 관한 다음 그림을 보고 생각해 봅시다.

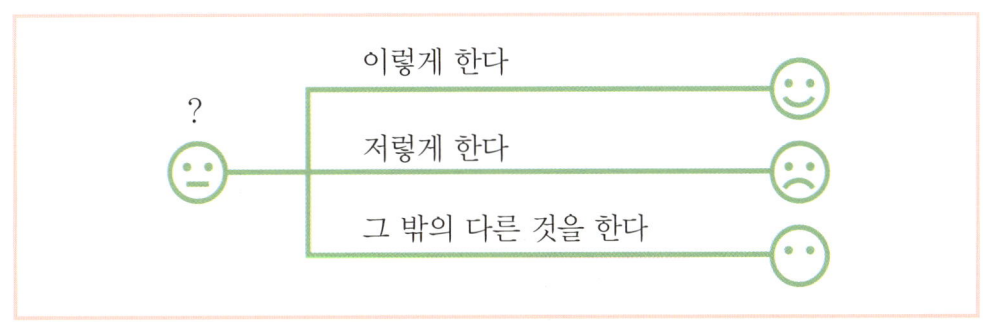

1) 몇 가지 대안과 결과가 있나요?

2) 여러분은 이 중에서 어떤 대안을 선택하겠습니까? 그 이유는 무엇입니까?

2-2 다음과 같은 경우에 여러분은 어떤 대안을 선택하겠습니까? 그 이유는 무엇입니까?

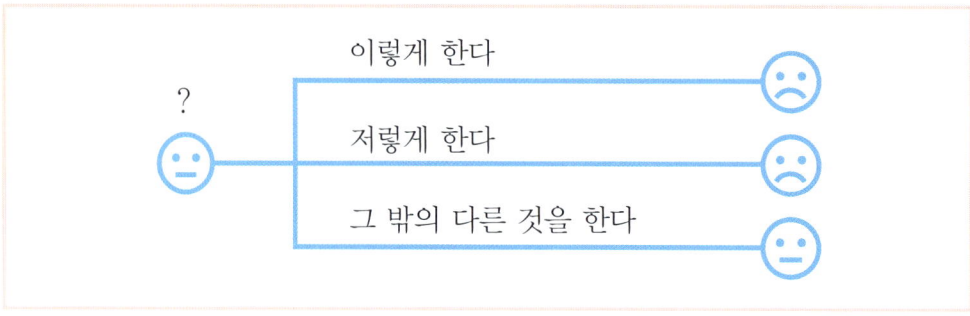

1) 선택한 대안은 무엇인가요?

2) 그 이유는 무엇입니까?

세 번째 생각 여행: 결과를 알 수 있는 것과 알 수 없는 것이 함께 있는 경우의 의사 결정

3-1 다음 이야기를 읽고, 슬기의 의사 결정에 대해서 생각해 봅시다.

> 선생님께서 슬기에게 물으셨다.
> "슬기야, 너는 어떤 음식을 가장 싫어하니?"
> "저는 카레를 가장 싫어해요."
> "된장찌개는 어떠니?"
> "카레보다는 조금 낫지만, 저는 그것도 싫어해요."
> "생선회 종류는 어떠니?"
> "생선회는 싫지도 않고 좋지도 않고 그저 그래요."
> "지금 네가 이 세 가지 음식 중에서 한 가지를 꼭 먹어야 한다면 어떤 음식을 먹겠니?"

1) 슬기가 처한 상황에 맞게 다음의 빈 얼굴 그림에 표정을 각각 그려 넣으세요.

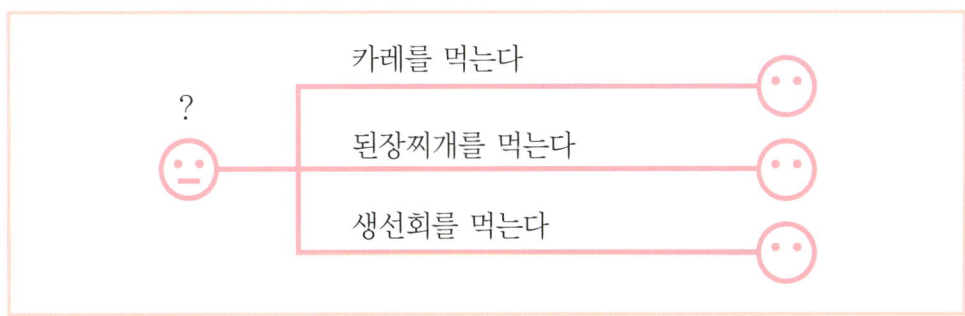

2) 여러분이 슬기라면, 어떤 대안을 선택하겠습니까? 그 이유는 무엇입니까?

3) '슬기는 생선회와 냉장고에 들어 있는 알 수 없는 음식 중에서 한 가지를 꼭 먹어야 한다'면, 슬기는 어떻게 해야 할까요?

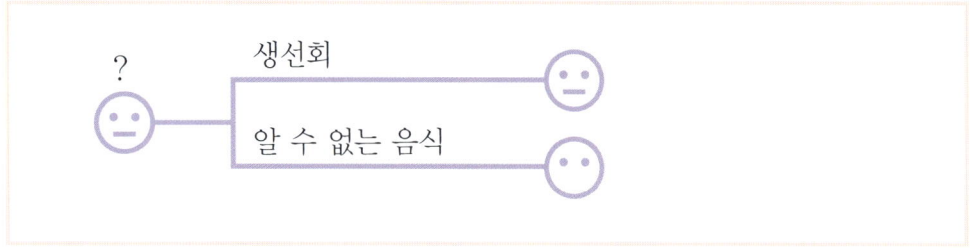

① 선택한 대안은 무엇인가요?

② 그 이유는 무엇입니까?

4) 이번에는 '슬기가 카레와 냉장고에 들어 있는 알 수 없는 음식 중에서 한 가지를 꼭 먹어야 한다'면, 슬기는 어떻게 해야 할까요?

① 먼저, 다음의 빈 얼굴 그림에 표정을 그려 넣으세요.

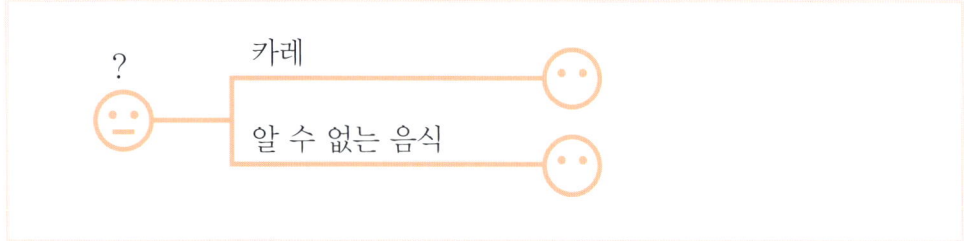

② 선택한 대안은 무엇인가요?

③ 그 이유는 무엇입니까?

4-1 다음 글을 읽고 민수의 의사 결정에 대해 생각해 봅시다.

> 민수는 생선과 삼겹살을 아주 좋아하고, 피자는 약간 좋아합니다. 지금 식탁 위에 피자와 알 수 없는 음식 한 가지가 있습니다. 민수가 피자와 알 수 없는 음식 중에서 한 가지만 먹어야 한다면 어떻게 해야 할까요?

1) 먼저 민수의 의사 결정 상황을 그림으로 나타내어 보세요.

2) 여러분이 민수라면 어떤 대안을 선택하겠습니까?

3) 그 이유는 무엇입니까?

4-2 다음 글을 읽고 그림으로 나타낸 다음, 어떤 대안을 선택할 것인지 생각해 봅시다.

> A박사는 석유 탐사 회사에서 일하고 있다. 석유를 시추하는 장비를 설치하는 데에는 막대한 비용이 든다. 그러므로 이 회사에서는 석유가 가장 많이 매장되어 있다고 생각되는 확실한 장소에만 장비를 설치하려고 한다.
>
> 오랜 탐사 끝에, 드디어 A박사는 석유 매장 장소 네 곳을 알아냈다. ①번 장소에는 매우 많은 양의 석유가 매장되어 있고, ②번 장소에는 석유가 아주 조금 매장되어 있다. ③번 장소에는 적당량이 매장되어 있고, ④번 장소는 엄청나게 많을 수도 있고, 전혀 없을 수도 있다.
>
> 석유 회사의 사장은 적당량이 매장된 곳을 찾고자 하지만, 매장량이 많으면 좋아할 것이고, 매장량이 적으면 실망할 것이다. 두 곳에 시추를 해야 한다면 어느 곳에 해야 할까?

1) 이 의사 결정 상황을 그림으로 나타내어 봅시다.

2) A박사는 석유 회사 사장에게 어느 두 곳에 시추를 하도록 권유해야 할까요? 그 이유는 무엇인가요?

4-3 다음 글을 읽고 그림으로 나타낸 다음, 어떤 대안을 선택할 것인지 생각해 봅시다.

> 아람이는 야구를 아주 좋아한다. 4학년 때부터 아빠가 사 주신 글러브가 4개나 된다. 그 중에서 2개는 잃어버렸고, 한 개는 아주 낡아서 버렸고, 남은 한 개도 많이 낡았다. 그래서 새 글러브를 사려고 한다. 스포츠 용품점에 가 보니, 값이 비싼 것은 한 5년은 쓸 수 있겠지만, 잃어버리면 너무 손해가 클 것 같았다. 그것보다 값이 절반 정도 싼 글러브는 한 1년 정도는 사용할 수 있을 것 같았고, 잃어버려도 부담이 없을 것 같았다.

1) 이 의사 결정 상황을 그림으로 나타내어 봅시다.

2) 여러분이 아람이라면, 어떤 글러브를 구입하겠습니까? 그 이유는 무엇인가요?

4-4
다음 각각의 경우에 어떤 대안을 선택하겠습니까? 그렇게 선택한 이유를 말해 봅시다.

1)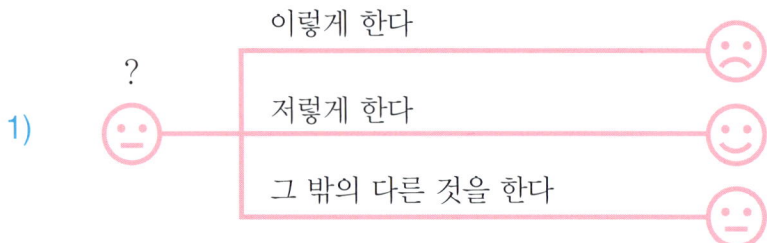

2)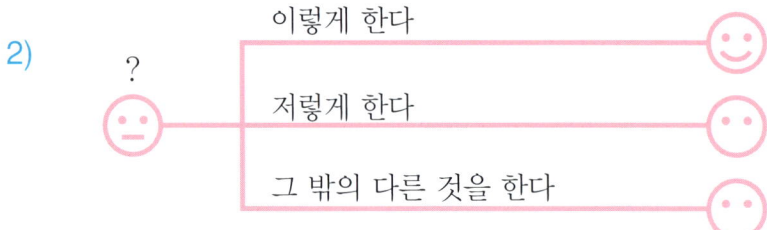

3)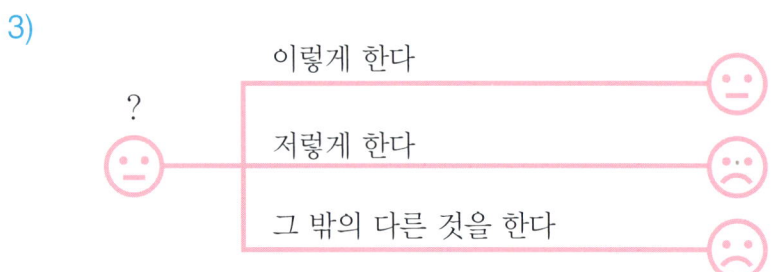

Ⅱ. 복잡한 의사 결정

4 좋아하는 순서대로 결정하기

▶▶▶ 오늘 생각할 내용

선호도가 다른 대상들 가운데 하나를 선택하려면 어떻게 해야 할까요?

 항목에 따른 선호도 평가하기

1-1 민수는 미니 카세트를 사려고 합니다. 다음과 같은 세 가지 종류의 카세트 중에서 어떤 것을 사면 좋을지 생각해 봅시다.

> 〈A 카세트〉
> AM 방송의 청취가 가능하나 FM은 잡음이 많음.
> 테이프를 재생시킬 수 있으나 녹음은 안 됨.
> 자동 반복 기능도 없고, 충전 기능도 없으나 모양은 예쁘다. 가격은 4만 원.
> 〈B 카세트〉
> AM, FM 방송 청취가 가능하고, 테이프 재생, 녹음 기능이 있음.
> 자동 반복 기능이 있고 모양이 예쁘나 충전 기능이 없다. 가격은 8만 원.
> 〈C 카세트〉
> AM, FM 방송의 청취가 가능하고, 테이프 재생, 녹음 기능이 있음.
> 자동 반복 기능과 충전 기능이 있으나 모양이 예쁘지 않다. 가격은 13만 원.

1) 선호도를 비교할 항목은 몇 가지이며, 어떤 것들입니까?

2) 이 항목들을 가지고 선호도 점검표를 만들어 봅시다.

항목	A 카세트	B 카세트	C 카세트
1.			
2.			
3.			
4.			
5.			
6.			
선호도 합계			

3) 선호도 합계가 가장 높은 것은 무엇입니까?

4) 선호도 합계가 가장 높은 것을 선택했을 때, 언제나 가장 만족스런 선택이 되나요?

5) 그렇지 않은 경우도 있다면, 언제, 왜 그런 일이 생기나요?

두 번째 생각여행: 선호도 점검법의 적용

2-1 앞에서 한 방법을 사용하여, 다음의 여행지 중에서 어떤 곳을 여행지로 선택하는 것이 좋을지 생각해 봅시다. (단, 세 곳 모두 이번 겨울에 꼭 가 보고 싶은 곳이라 합시다.)

> 〈설악산〉
> 기간은 5박 6일. 비용은 50만 원. 등산을 할 수 있음.
>
> 〈제주도〉
> 기간은 7박 8일. 비용은 70만 원. 한라산 등산을 할 수 있음. 놀이기구를 탈 수 있음.
>
> 〈금강산〉
> 기간은 3박 4일. 비용은 90만 원. 등산을 할 수 있음.

1) 선호도를 점검할 항목은 무엇무엇입니까?

2) 선호도 점검표를 만들어 봅시다.

항목	설악산	제주도	금강산
1.			
2.			
3.			
선호도 합계			

3) 여행지로 선택된 곳은 어디입니까?

4) 그곳이 선택된 이유는 무엇이라고 생각합니까?

3-1 다음 자전거 중에서 하나를 사려고 합니다.

〈자전거 1〉
경주용, 하얀 바탕에 빨간 줄무늬, 21단 기어, 80만 원.

〈자전거 2〉
여행용, 빨간색 바탕에 파란색과 흰색 줄무늬, 10단 기어, 20만 원.

〈자전거 3〉
산악용겸 여행용, 은색바탕에 검은색 줄무늬, 15단 기어, 40만 원.

1) 각자 자기가 좋아하는 정도에 따라서 점수를 매겨 보세요. 얼마든지 다른 학생과 다른 합계가 나올 수도 있습니다.

항목	자전거 1	자전거 2	자전거 3
1.			
2.			
3.			
4.			
선호도 합계			

2) 선택한 자전거는 무엇입니까? 그 자전거를 선택한 이유는 무엇입니까?

3-2

다음에 있는 것들을 미래의 우주탐험가들이 발견해서 지구로 데려온 동물이라고 합시다. 이들 중에서 여러분이 기르기에 가장 적합한 동물은 무엇인지, 선호도 점검표를 만들어 결정해 봅시다.

〈동물 A〉
어미의 크기는 90cm. 좋아하는 음식은 곡식, 플라스틱, 신발 등.
수명은 4년이고, 배가 고프지 않을 때는 온순한데 배가 고프면 사나워진다.

〈동물 B〉
어미의 크기는 30cm. 좋아하는 음식은 물고기, 양털, 바나나 등.
수명은 10년이고 부드럽고 귀엽다. 가끔 훌쩍훌쩍 울기도 한다.

〈동물 C〉
어미의 크기는 150cm. 좋아하는 음식은 진흙, 깡통, 피자 등.
수명은 30년이고, 사납고 화를 잘 내지만, 훈련을 잘 시키면 말을 아주 잘 듣고, 도둑을 잘 잡는다.

1) 각자 자기가 좋아하는 정도에 따라서 점수를 매겨 보세요. 얼마든지 다른 학생과 다른 합계가 나올 수도 있습니다.

항목	동물 A	동물 B	동물 C
1.			
2.			
3.			
4.			
선호도 합계			

2) 선택한 동물은 무엇입니까? 그 동물을 선택한 이유는 무엇입니까?

5 중요도 순서대로 결정하기

▶▶▶ 오늘 생각할 내용

중요도를 고려하여 항목별 선호도 점검표를 만들려면 어떻게 해야 할까?

 중요도를 고려하지 않은 선호도 점검표

1-1 다음과 같은 두 종류의 시계가 있다고 합니다. 둘 중에서 어떤 시계를 사는 것이 유리한지 따져 봅시다.

〈시계 1〉
- 2만 원에 살 수 있지만, 시계줄이 싸구려처럼 보인다.
- 포장이 시원찮고, 1개월에 1초 정도 늦어진다.
- 날짜, 알람, 스톱워치 기능이 없다.

〈시계 2〉
- 10만 원에 살 수 있고, 시계줄은 14K로 만든 것이다.
- 멋진 가죽 케이스에 들어 있지만, 하루에 3분 정도 늦어진다.
- 날짜, 알람, 스톱워치 기능이 있다.

1) 이 항목들을 가지고 선호도 점검표를 만들어 봅시다.

항목	시계 1	시계 2
1.		
2.		
3.		
4.		
5.		
선호도 합계		

* 항목별 선호도 높음=2점, 낮음=1점을 부여한다.

2) 어느 시계가 선호도 합계가 가장 높은가요?

3) 그 시계는 시간의 정확성에서도 선호도가 높은가요?

4) 위 선호도 점검표의 문제점은 무엇인가요?

 **두 번째 생각 여행** 중요도에 따라서 항목을 분류하기

2-1 앞에서 살펴본 시계 구입에 관한 문제에서, 대다수의 사람들이 중요하다고 생각하는 순서대로 항목을 다시 적어 봅시다.

항목	중요도	시계 1	시계 2
1.			
2.			
3.			
4.			
5.			
선호도 합계			

1) 두 번째 칸에 중요도 값을 매겨 봅시다. (5점~1점)
2) 각 항목의 중요도 값과 선호도 값을 곱하여, 선호도 값 옆에 괄호를 하고 적어 넣으세요.
3) 선호도 합계를 보고, 어떤 시계를 구입하는 것이 좋을지 생각해 봅시다.

선호도 점검표 만들기

〈단계 1〉 가장 중요한 항목부터 덜 중요한 항목 순으로 표에 적어 넣는다.
〈단계 2〉 가장 중요한 항목에 최고점을 주고, 가장 덜 중요한 항목에 최저점을 준다.
〈단계 3〉 각 항목별로 선호도에 따라서 점수를 매긴다. (대안이 2개인 경우 2점, 1점을 매길 수 있다.)
〈단계 4〉 각 항목의 선호도 점수에 중요도 점수를 곱하여 괄호 안에 적는다.
〈단계 5〉 총 점수의 합계를 구하여 비교해 보고, 결정을 내린다.

3-1
한 대학생이 여름방학 아르바이트 광고를 보고, 좋은 곳을 선택하려고 합니다. 무엇을 선택해야 할까요?

〈놀이방〉
- 시간 : 하루 5시간, 월요일부터 금요일까지, 오전 11시부터 오후 4시까지.
- 장소 : 날씨에 따라 실내 또는 실외.
- 하는 일 : 3~4세 된 아이들 돌보기.
- 보수 : 하루 만 원.
- 기타 : 점심 제공, 집에서 가깝다.

〈건축공사장〉
- 시간 : 주당 10~40시간. 작업시간은 자유 선택.
- 장소 : 야외, 날씨가 나쁘면 일을 못 함.
- 하는 일 : 무거운 벽돌을 나르거나, 기술자들의 심부름.
- 보수 : 시간당 5천 원.
- 기타 : 집에서 먼 곳에 위치.

항목	중요도	놀이방	건축공사장
1.			
2.			
3.			
4.			
5.			
선호도 합계			

3-2 특별활동반에 들어가려고 합니다. 세 종류의 특활반이 모두 마음에 드는데, 다음과 같은 차이가 있었습니다. 어느 곳에 들어가면 좋을지 생각해 봅시다.

〈사진반〉
- 비용:많이 든다.
- 활동장소:야외 경치 좋은 곳.
- 회원:아는 친구들이 많다.
- 부모님 의견:조금 반대.

〈공작반〉
- 비용:보통.
- 활동장소:교내 작업실(먼지가 많이 난다).
- 회원:아는 친구가 조금 있다.
- 부모님 의견:많이 반대.

〈합창반〉
- 비용:적게 든다.
- 활동장소:교내 음악실(아늑하다).
- 회원:아는 친구가 하나도 없다.
- 부모님 의견:적극 찬성.

항목	중요도	사진반	공작반	합창반
1.				
2.				
3.				
4.				
선호도 합계				

3-3 민주는 새 컴퓨터를 구입하려고 합니다. 민주가 살 수 있는 두 종류의 컴퓨터가 다음과 같은 차이가 있다면, 어느 컴퓨터를 사면 좋을지 생각해 봅시다.

〈컴퓨터 1〉
- 비용: 비싸다.
- 애프터서비스: 서비스 센터가 가깝고, 친절하다.
- 모양과 색깔: 촌스럽다.
- 속도와 용량: 빠르고, 용량이 크다.

〈컴퓨터 2〉
- 비용: 싸다.
- 애프터서비스: 서비스 센터가 멀다.
- 모양과 색깔: 세련되었다.
- 속도와 용량: 느리고, 용량이 작다.

항목	중요도	컴퓨터 1	컴퓨터 2
1.			
2.			
3.			
4.			
선호도 합계			

Ⅲ. 정보 수집하기

6 정보의 중요성

▶▶▶오늘 생각할 내용

선택의 결과를 예상할 수 없을 경우에 어떻게 결정할 것인가?

 정보가 부족한 경우의 의사 결정

1-1 의사 결정에 관한 다음 두 그림을 살펴보고, 비교하여 말해 봅시다.

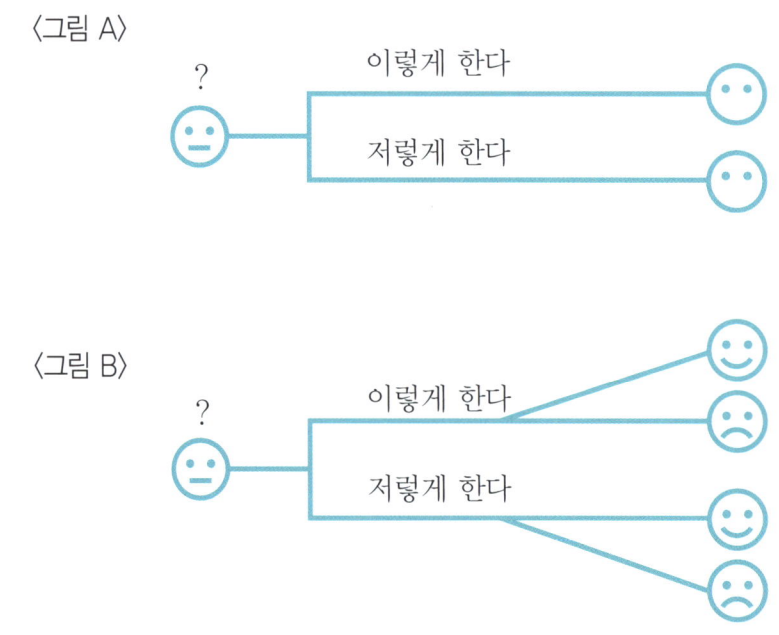

1) 각각의 그림을 설명해 봅시다.

　① 그림 A

　② 그림 B

2) 두 경우 중에서 어느 것이 더 많은 정보를 주고 있지요? 왜 그런가요?

1-2 의사 결정에 관한 다음 그림들을 살펴보고, 비교해서 말하여 봅시다.

⟨그림 C⟩

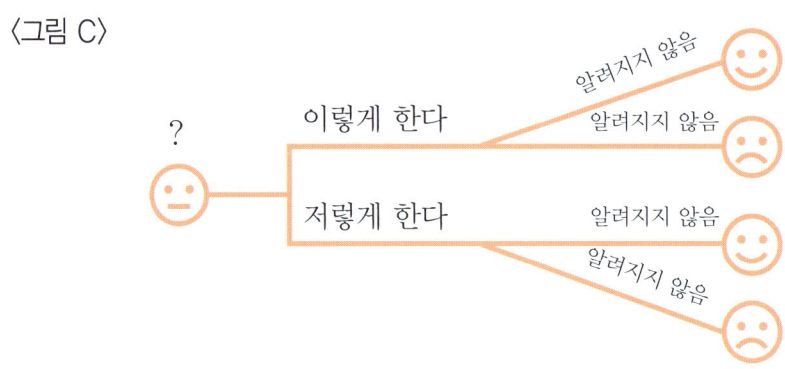

⟨그림 D⟩

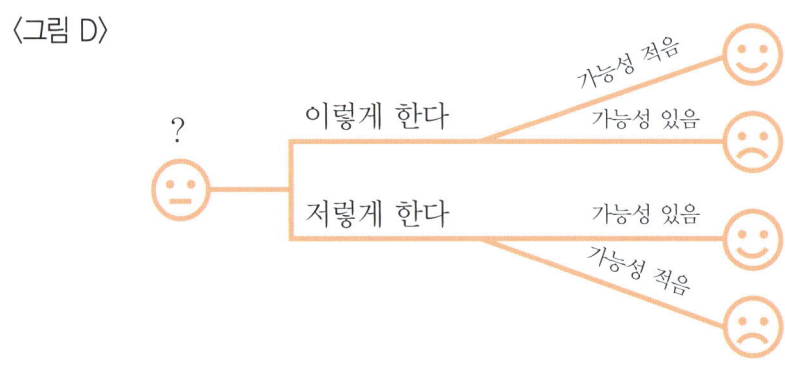

⟨그림 E⟩

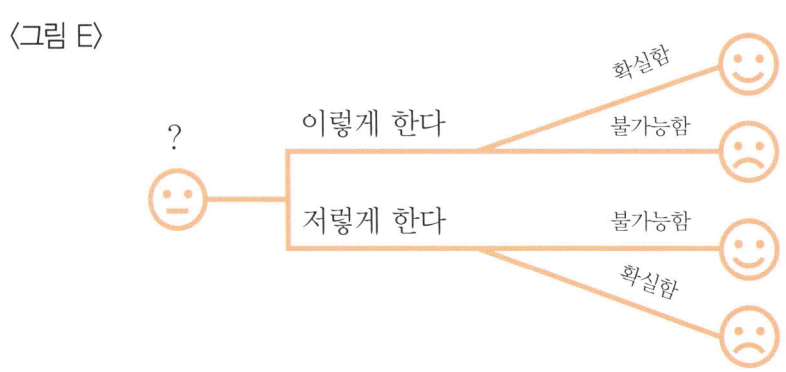

1) 각각의 경우에 어떤 대안을 선택하겠습니까?

2) 〈그림 C〉 〈그림 D〉 〈그림 E〉 중에서 어느 경우에 대안을 선택하기가 쉬운가요? 그 이유는 무엇인가요?

1-3 의사 결정에 관한 다음 두 그림을 살펴보고, 어떤 대안을 선택해야 할지 생각해 봅시다.

⟨그림 F⟩

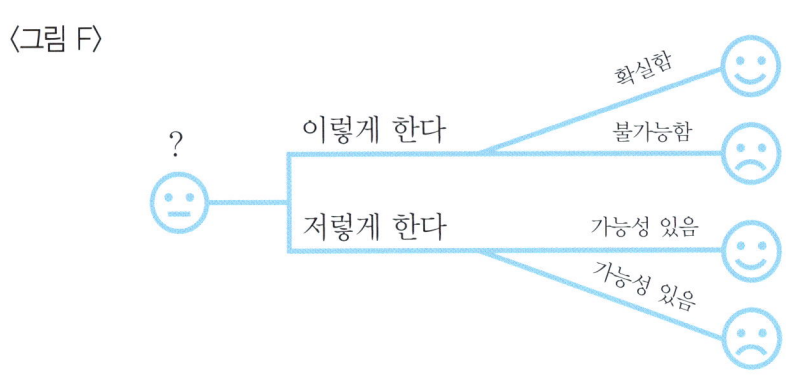

⟨그림 G⟩

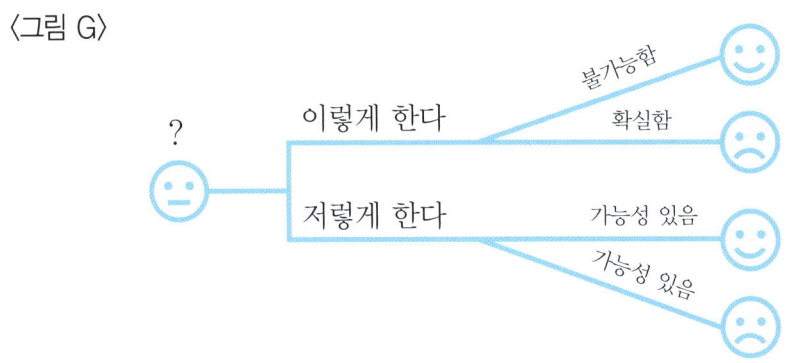

1) 〈그림 F〉와 〈그림 G〉는 어떤 경우를 나타내고 있는지 서로 비교해서 설명해 봅시다.

2) 〈그림 F〉의 경우 어떤 대안을 선택하겠습니까? 그 이유는 무엇인가요?

3) 〈그림 G〉의 경우 어떤 대안을 선택하겠습니까? 그 이유는 무엇인가요?

1-4 의사 결정에 관한 다음 그림들을 비교해 보고 어떤 대안을 선택하는 것이 가장 유리한지 생각해 봅시다.

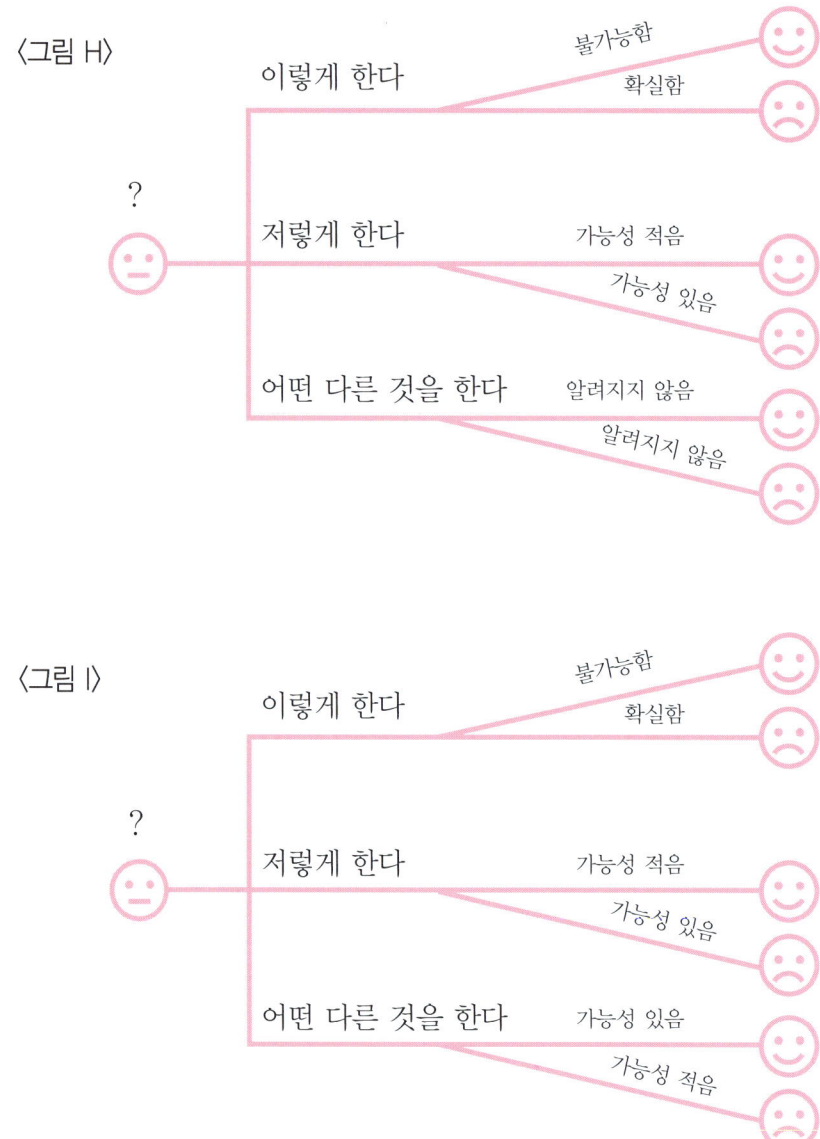

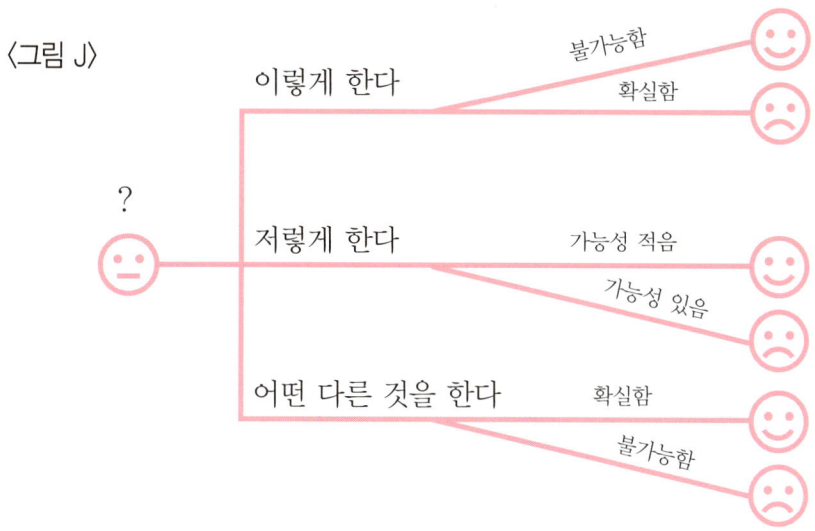

1) ⟨그림 H⟩ ⟨그림 I⟩ ⟨그림 J⟩는 각각 어떤 경우를 나타내고 있는지 서로 비교해서 설명해 봅시다.

2) ⟨그림 H⟩의 경우 어떤 대안을 선택하겠습니까? 그 이유는 무엇인가요?

3) ⟨그림 I⟩의 경우 어떤 대안을 선택하겠습니까? 그 이유는 무엇인가요?

4) 〈그림 J〉의 경우 어떤 대안을 선택하겠습니까? 그 이유는 무엇인가요?

5) 위 세 가지 경우 중에서 어떤 경우, 어떤 대안을 선택하는 것이 가장 유리합니까? 그 이유는 무엇인가요?

2-1 다음 이야기를 읽어 가면서 앞에서 배운 의사 결정 방법을 적용해 봅시다.

> **경찰이 도착하다**
>
> 오늘 아침, 현대은행에 강도가 들었습니다. 세 명의 형사가 강도 사건 수사의 임무를 띠고 은행에 막 도착했습니다. 그들은 무엇을 할 것인가 결정하려고 합니다. 경찰은 수사를 시작하기 위해 사람들을 모두 은행에서 나가도록 해야 할까요, 아니면 사람들에게 질문을 하기 위해 제자리에서 움직이지 못하도록 해야 할까요? 경찰은 어떤 방법을 선택해야 할지 알 수 없습니다.

1) 이 이야기에서 경찰이 선택 가능한 대안은 무엇과 무엇인가요?

경찰이 선택해야 할 결정

김 형사: 모두 다 떠나게 하죠. 강도 사건은 거의 20분 전에 발생했어요. 은행에 있었던 사람들은 누구라도 분명히 지금쯤은 이미 다 빠져나갔을 것입니다. 사건 당시에 있었던 일을 여기 있는 어느 누구도 알지 못할 것입니다.

박 형사: 아닙니다! 내보내지 말아야 합니다. 강도 사건을 목격한 사람이 아직까지 여기에 남아 있을지도 모릅니다.

수사반장: 일이 어떻게 될지 알 수 없기 때문에 지금으로서는 결정하기가 매우 어려워. 만약 우리가 여기서 아무도 나가지 못하게 한다면 강도를 목격했다는 사람들을 찾아내서 매우 중요한 정보를 얻어 낼 수도 있을 거야. 그러나 다른 한편으로 생각해 보면 나가지 못하게 해도 목격자를 찾지도 못한 채 괜히 헛수고만 할 수 있어.

하지만 강도를 목격했던 사람이 여기에 남아 있을지도 모른다는 게 내 생각이야. 만약 모두 다 나가라고 한다면 목격자들을 확보하지 못해서 사건 해결의 중요한 정보를 잃어버릴 수도 있을 거야. 반면에 사람들이 다 떠나면 사건 해결의 실마리를 찾기 위해 곧바로 은행을 점검해 볼 수 있는 장점이 있지. 그러나 문제는 이 둘의 결과가 어떻게 될지 아무도 알 수 없다는 거야.

목격자를 발견하다

수사반장: 나는 박 형사의 의견에 찬성이야. 우리는 몇 가지 정보를 수집해야 해. 우선 몇 사람을 불러서 강도 사건을 목격했는지 물어보자구.

(박 형사와 반장은 은행 안에 있는 사람들에게 물어보았다. 몇 분 후 김 형사가 반장에게 헐레벌떡 뛰어왔다.)

김 형사: 반장님, 강도를 목격했다는 사람들을 몇 명 찾아냈습니다!

수사반장: 잘했어! 그렇다면 아직 은행 안에는 적어도 목격자가 한 명 이상은 있다는 게 분명하군. 아마 몇 명 더 있을지도 모르지. 박 형사, 한 사람도 나가지 못하게 하고 다른 목격자가 더 있는지 알아보게. 그리고 김 형사는 가서 확인한 목격자와 이야기해서 정보를 좀 수집해 놓게.

(두 형사들은 지시대로 수사를 진행해 갔다.)

2) 경찰이 선택 가능한 대안을 그림으로 나타내어 봅시다.

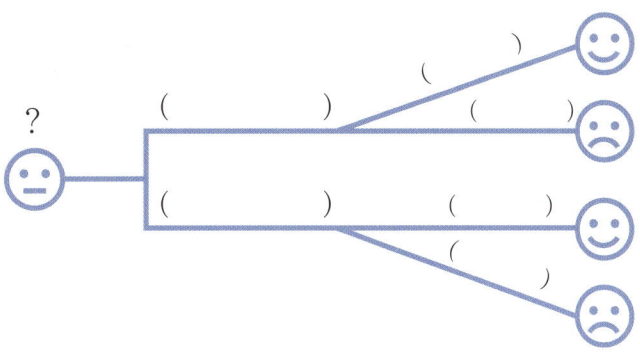

문제를 분석하는 경찰

수사반장: 김 형사, 목격자들한테서 뭐 좀 알아냈나?

김 형사: 반장님, 목격자 중에서 양송식이란 사람이 있는데요, 그 사람 말에 의하면 강도는 키가 170cm에 곱슬머리이고 다리를 상당히 절었다는군요. 그 사람 생각에는 강도가 민동일인 것 같다는데요. 제가 가서 민동일이를 찾아 체포해 올까요?

수사반장: 아니야! 아직 그 목격자의 말을 확신할 수 없기 때문에 아직은 체포해서는 안 되네. 만약 민동일을 체포해서 범인인 것이 확인되면, 우리가 모두 진급을 할 수 있겠지. 그러면야 결과는 참 좋겠지만 그가 무죄임이 드러나면 그 녀석이 우리들을 가만 놓아 두겠나? 아마도 우리를 파멸시키려 들 걸세. 그러면 아주 불행한 결과가 되지 않겠나?

박 형사: 반장님 말씀이 옳습니다. 우리가 민동일을 체포하지 않았는데 그가 범인이 아니었음이 밝혀지면, 최소한 우리 자리는 지킬 수 있을 것입니다.

김 형사: 그러나 달리 생각해 보면 민동일을 체포하지 않고 있다가 그 녀석이 범인이란 것이 확인되면 우리는 파면될지도 모르죠!

3) 경찰이 선택 가능한 대안을 그림으로 나타내고 생각해 봅시다.

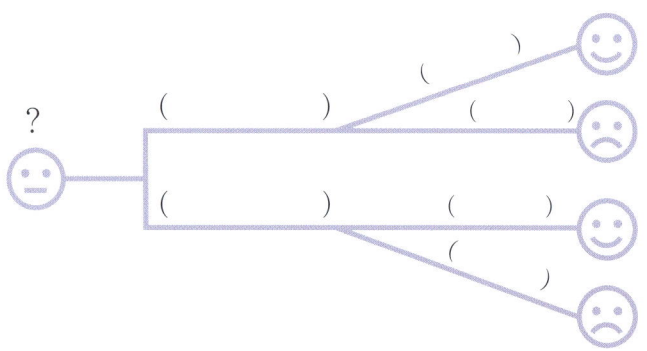

더 많은 정보를 수집하는 경찰

수사반장: 내 생각에는 우리가 아직도 민동일이라는 친구에 대해 확실히 알고 있는 게 없어. 나가서 정보를 더 많이 수집해 보게.

(몇 분 지나서 박 형사가 조사 수첩을 가지고 돌아왔다.)

박 형사: 사건 당시에 사람들이 대부분 손을 들고 돌아서서 꼼짝도 못 하고 있었던 것 같습니다. 강도가 사람들에게 모두 손으로 눈을 가리게 했기 때문에 누구도 강도를 자세히 보지 못했답니다. 그래서 역시 정보는 조금밖에 얻지 못했습니다.

수사반장: 그러면 수집한 것이라도 좀 보세.

(반장과 김 형사는 박 형사의 수첩을 검토했다.)

박 형사의 수첩
중부서 제5구역 박민철 형사 현대은행 강도 사건
김순덕: 강도는 사람들의 눈을 가리게 했다. 　　　　그 강도는 민동일일 수 있다.
박순섭: 그 강도는 한 쪽 다리를 절고 곱슬머리였다. 　　　　사람들에게 모두 눈을 가리라고 했다.
곽철수: 강도의 키는 약 170cm정도였다. 　　　　복면을 했고 눈썹 위에 칼자국이 있었다.
박말희: 얼핏 보니 강도는 민동일인 것 같았지만 무서워서 잘 볼 수 없었다.
진인덕: 강도의 키는 170cm였고 한 쪽 다리를 절었다.

4) 경찰이 선택 가능한 대안을 그림으로 나타내고 생각해 봅시다.

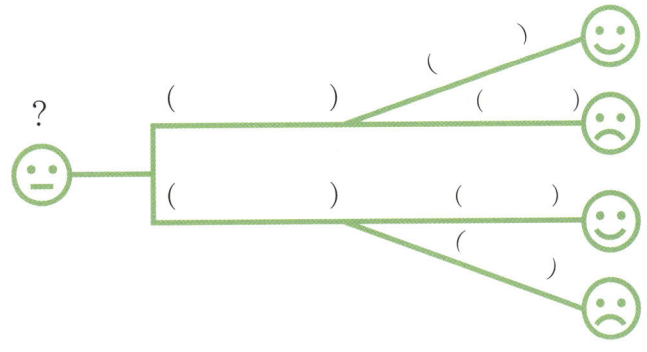

증거를 검토하는 경찰

김 형사: 제 생각에는 우선 그 놈을 체포해 오는 게 좋겠어요.

수사반장: 아니야, 지금은 일러. 내 생각에는 아직 정보를 더 수집해야겠어.

김 형사: 반장님, 이 이상 정보를 얼마나 더 수집해야 한다는 말씀입니까? 양송식도 범인은 민동일이라고 생각했고, 김순덕도 민동일로 생각했고, 박말희 역시 범인은 민동일인 것 같다고 했습니다. 그 세 사람의 의견은 일치했습니다.

수사반장: 맞아! 하지만 그들 가운데 어느 누구도 민동일이 범인이라고 확신하지는 못했어. 게다가 강도가 복면을 하고 있었다고 했어. 박 형사, 안 그래?

박 형사: 민동일은 우리가 확보한 유일한 용의자입니다. 너무 오래 지체하다가는 그 녀석이 도망칠지도 모릅니다.

(수사반장은 지금까지 논쟁했던 것들을 생각하면서 이리저리 왔다갔다했다. 그는 마침내 결정을 내렸다.)

더 많은 정보를 수집하는 경찰

수사반장: 좋아, 박 형사는 민동일을 찾아가서 심문해 보게. 김 형사와 나는 여기에 남아서 정보를 더 수집해 볼 테니까.

(박 형사가 새로운 정보를 수집해 왔다.)

수사반장: 뭐 좀 알아냈나?

박 형사: 먼저 민동일의 아파트를 찾아갔는데, 그 놈은 거기에 없었습니다.

수사반장: 그러면 그 녀석을 아는 사람에게 물어봤나?

박 형사: 주인집 아주머니 말로는 민동일은 하루종일 나가서 안 들어왔다던데요. 그런데 주인집 아줌마는 민동일이 곱슬머리에다가 눈에 띄게 다리를 전다고 했습니다.

김 형사: 내 생각이 맞다는 것을 나는 알고 있었어. 그 놈이 도망쳤을까?

박 형사: 아니야. 내가 민동일을 찾아내긴 했지. 키도 정확히 170cm였고 눈썹 위에 칼자국도 있었다네.

5) 경찰이 생각하고 있는 선택 가능한 대안을 그림으로 나타내어 봅시다.

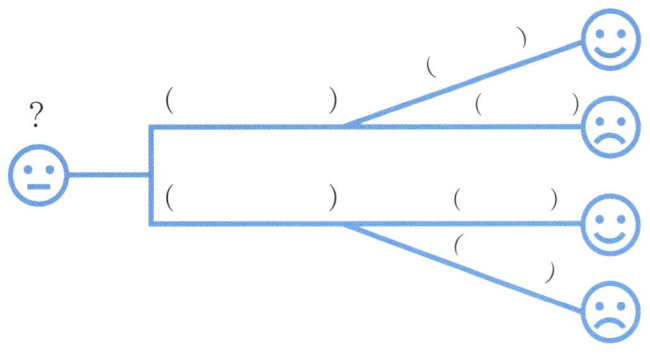

6) 경찰의 예상은 맞았나요? 그렇지 않았다면, 그 이유는 무엇인가요?

당황하는 경찰

김 형사: 음, 그렇다면 그 녀석이 어디 있나? 체포하지 않았나?

박 형사: 아니야. 그 놈을 발견하긴 했는데 놈은 현대병원에 있었네. 강도 사건 당시 그 녀석은 수술을 받고 있었거든. 그러니까 민동일은 강도일 리 없어.

김 형사: 에이, 농담이겠지! 나는 우리가 그 녀석을 체포해야 한다고 확신했었어. 확신이 섰기 때문에 신문 기자에게 거의 다 말해 버렸다고. 이제 어쩌지? 내가 이거, 우리를 모두 다 곤란한 입장에 빠지게 만든 거 아니야? 정보를 더 수집해야 한다고 하신 반장님 말씀이 옳았던 것 같아.

박 형사: (씩 웃으면서) 그게 바로 김 반장님이 반장이 될 수 있고 김 형사는 반장이 되지 못하는 이유지.

7 적합한 정보를 구별해 내기

▶▶▶ 오늘 생각할 내용

문제 해결에 적합한 정보와 부적합한 정보를 구별해 내는 방법은 무엇인가?

적합한 정보와 부적합한 정보

1-1 다음 글을 읽고 물음에 답해 봅시다.

정보들을 분류하다

　민동일이 현대은행의 강도였을 리 없다는 것이 밝혀지자, 경찰에서는 더 이상 용의자로 내세울 만한 사람이 없었다. 그들의 유일한 대안은 정보를 더 모으는 것뿐이었다. 경찰은 오후 내내 수첩에 정보를 적는 데 시간을 보냈다. 철저하게 하기 위하여 수집한 정보들은 거의 모두 옮겨 적었다.

　이제 정보를 해석하고 새로운 용의자를 확인해 내야 할 차례이다. 문제는 그들이 가진 정보가 너무 많아서 그 의미를 모두 다 파악하기 어렵다는 것이다. 그러므로 이제 경찰이 해야 할 일은 수집해 놓은 정보들 중 어떤 것이 적합한 정보인지 가려내는 것이었다.

앞의 글에서 말하는 '적합한 정보'와 '부적합한 정보'란 무슨 뜻인가요?

1-2 다음은 '김 형사의 수첩'에 적혀 있는 정보들입니다. 각각의 정보들을 읽고 물음에 답해 봅시다.

	정보	출처
1	강도는 키가 170cm 정도 되어 보였다.	양송식(고객)
2	강도는 곱슬머리였다.	양송식(고객)
3	강도는 다리를 절었다.	양송식(고객)
4	강도는 민동일일 수도 있다.	양송식(고객)
5	강도 사건이 있었을 때 은행에는 여섯 명의 고객이 있었다.	은행 출납 계원
6	강도는 총을 가지고 있었다.	은행 출납 계원
7	강도 사건이 일어났을 때 은행 사무원은 휴식중이었다.	은행 출납 계원
8	강도 사건이 일어났을 때 경비원은 밖에 있었다.	은행 출납 계원
9	강도는 마흔다섯 살 정도 되어 보였다.	은행 출납 계원
10	강도는 "아가씨, 가방에 돈을 넣어."라고 말했다.	은행 출납 계원
11	강도는 커다란 갈색 종이 쇼핑백에 돈을 넣었다.	은행 출납 계원
12	그 은행 출납 계원은 6월에 결혼하기로 되어 있다.	은행 출납 계원
13	그날 아침 일하고 있던 직원은 은행 출납 계원, 지점장, 경비원, 은행 사무원뿐이었다.	은행 출납 계원
14	곽철수는 여행자 수표 몇 장을 구입하러 왔었다.	곽철수(고객)
15	강도는 60kg 정도 되어 보였다.	곽철수(고객)
16	강도는 마흔 살 정도로 보였다.	곽철수(고객)
17	강도 사건이 일어났을 때 창구에는 여섯 명의 고객이 있었다.	곽철수(고객)
18	줄의 맨 끝에 서 있던 사람은 박말희였다.	곽철수(고객)
19	밖으로 나간 고객은 이영순 한 명뿐이었다.	곽철수(고객)
20	곽철수는 황갈색 비옷을 입고 있었다.	관찰

	정보	출처
21	강도는 빨간 보자기로 얼굴을 가리고 있었다.	김순덕(고객)
22	김순덕은 봉급 지불 수표를 입금시키려고 은행에 왔었다.	김순덕(고객)
23	창구에는 일곱 명의 고객들이 줄지어 서 있었다.	김순덕(고객)
24	김순덕은 회색 원피스를 입고 있었다.	관찰
25	김순덕은 하늘색 핸드백을 들고 있었다.	관찰
26	박순섭은 계산이 잘못된 것을 점검하기 위해 은행에 왔었다.	박순섭(고객)
27	박순섭이 그의 은행 명세서에서 잘못을 찾아낸 것은 올 들어 세 번째다.	박순섭(고객)
28	강도는 60kg 정도 되어 보였다.	박순섭(고객)
29	강도는 황갈색 비옷을 입고 있었다.	박순섭(고객)
30	강도는 카우보이 부츠를 신고 있었다.	박순섭(고객)
31	강도는 녹색 장갑을 끼고 있었다.	박순섭(고객)
32	진인덕은 수표를 바꾸러 은행에 왔었다.	진인덕(고객)
33	강도는 65kg 정도 되어 보였다.	진인덕(고객)
34	푸른색 소형 트럭이 은행 앞에 주차되어 있었다.	진인덕(고객)
35	그 차의 번호는 3478이었다.	진인덕(고객)
36	녹색 승용차가 은행 앞에 주차되어 있었다.	진인덕(고객)
37	그 차의 번호판은 창문을 통해서는 잘 보이지 않았다.	진인덕(고객)
38	진인덕은 짙은 녹색 잠바를 입고 있었다.	관찰
39	진인덕은 짐을 등에 메고 있었다.	관찰
40	박말희는 아들의 예금 구좌를 개설하고 있었다.	박말희(고객)
41	박말희의 아들은 이번 토요일에 열두 살이 된다.	박말희(고객)
42	은행의 직원들은 퉁명스러웠다.	박말희(고객)
43	김순덕은 입을 벌려 가며 껌을 짝짝 씹고 있었다.	박말희(고객)
44	진인덕은 라디오를 너무 크게 틀어 놓고 있었다.	박말희(고객)
45	양송식은 자신의 앞으로 새치기를 하였다.	박말희(고객)
46	양송식은 창구 앞에 서 있었다.	박말희(고객)
47	강도는 황갈색 비옷을 입고 있었다.	박말희(고객)
48	박말희는 밍크 코트를 입고 있었다.	관찰

1) '김 형사의 수첩'에 있는 정보들 중에서, 여러분이 생각하기에 부적합한 정보에는 ×표를 하고, 적합한 정보에는 ○표를 해 보세요.

2) 적합한 정보라고 표시한 것들을 다음의 기준에 따라서 분류해 보세요. (해당하는 정보의 번호를 적으세요.)

① 강도가 누구인가와 관련된 정보

② 목격자들과 관련된 정보

③ 강도 사건이 어떻게 일어났는가와 관련된 정보

1-3 다음은 '박 형사의 수첩'에 적혀 있는 정보들입니다. 각각의 정보들을 읽고 물음에 답해 봅시다

	정보	출처
1	강도는 사람들에게 눈을 가리게 했다.	김순덕(고객)
2	강도는 민동일일 수도 있다.	김순덕(고객)
3	강도는 다리를 절었다.	박순섭(고객)
4	강도는 곱슬머리였다.	박순섭(고객)
5	강도는 사람들에게 모두 눈을 가리게 했다.	박순섭(고객)
6	강도는 키가 170cm 정도 되어 보였다.	곽철수(고객)
7	강도는 붉은색 보자기로 얼굴을 가렸다.	곽철수(고객)
8	강도는 눈썹 위에 칼자국이 있었다.	곽철수(고객)
9	강도는 민동일인 듯 보였다.	박말희(고객)
10	강도는 키가 170cm 정도 되어 보였다.	진인덕(고객)
11	강도는 절름발이였다.	진인덕(고객)
12	강도는 민동일이 아니었다.	병원 직원
13	현대은행은 현대 축구팀의 후원자이다.	지점장
14	현대은행은 서울에서 제일 큰 은행이다.	지점장
15	강도는 칼로 사람들을 위협했다.	은행 출납 계원
16	강도는 검정색 외투를 입고 있었다.	은행 출납 계원
17	한 명의 출납 계원만이 근무하고 있었다.	감시용 카메라
18	강도는 총을 가지고 있었다.	감시용 카메라
19	강도는 큰 갈색 쇼핑백에 돈을 넣었다.	감시용 카메라
20	강도 사건이 일어났을 때 세 명의 남자와 세 명의 여자 고객들이 은행에 있었다.	감시용 카메라
21	은행 출납 계원은 분홍색 투피스를 입고 있었다.	감시용 카메라
22	강도는 붉은색 보자기로 얼굴을 가리고 있었다.	감시용 카메라
23	강도는 황갈색 비옷을 입고 있었다.	감시용 카메라
24	은행 사무원은 사건 당시 옆 건물에 있는 다방에 있었다.	다방 종업원
25	현대은행은 평일에는 8시 30분부터 오후 5시까지 연다.	은행 사무원
26	번호판이 3678인 푸른색 소형트럭이 은행 앞에 주차해 있었다.	은행 사무원
27	1993년형 녹색 승용차가 은행 앞에 주차해 있었다.	은행 사무원

'박 형사의 수첩'에 있는 정보들에 대해서도, 부적합한 정보에는 ×표를 하고, 적합한 정보에는 ○표를 해 보세요.

1-4

다음은 '수사반장의 수첩'에 적혀 있는 정보들입니다. 각각의 정보들을 읽고 물음에 답해 봅시다.

	정보	출처
1	지점장은 강도가 잡힐 것으로 기대한다.	지점장
2	지난 번 은행 강도는 1980년에 있었다.	지점장
3	감시용 카메라 시설을 하는 데 2천만 원이 들었다.	지점장
4	감시용 카메라 시설은 중앙 전자 회사가 맡아 했다.	지점장
5	그 은행은 14개 지점 중 가장 작다.	지점장
6	은행 출납 계원은 그 자리에서 열한 달째 일하고 있다.	지점장
7	그날 아침에 총 23건의 거래가 있었다.	지점장
8	이영순은 강도 사건이 일어난 후 바로 녹색 승용차를 타고 떠났다.	경비원
9	이영순은 커다란 갈색 쇼핑백을 들고 있었다.	경비원
10	그 경비원은 경비 경력이 17년이었다.	경비원
11	은행 앞에 푸른색 자동차가 주차해 있었다.	경비원
12	그 차는 시동은 걸려 있었지만 안에는 아무도 없었다.	경비원
13	그 자동차의 번호는 3678이었다.	경비원
14	그 자동차는 강도 사건 이후 곧바로 떠났다.	경비원
15	길을 건너가는 낯선 개가 있었다.	경비원
16	양송식은 구좌를 개설하기 위해 은행에 있었다.	양송식(고객)

	정보	출처
17	강도는 서른 살로 보였다.	양송식(고객)
18	강도는 출납 계원에게 "아가씨, 가방에 돈 집어넣어."라고 말했다.	양송식(고객)
19	양송식은 청색 작업복을 입고 있었다.	양송식(고객)
20	양송식은 가죽 서류가방을 들고 있었다.	양송식(고객)
21	은행 사무원은 강도 사건 당시 다방에 있었다.	다방 종업원

'수사반장의 수첩'에 있는 정보들에 대해서도, 부적합한 정보에는 ×표를 하고, 적합한 정보에는 ○표를 해 보세요.

2-1

계속되는 다음 이야기를 읽어 가면서 물음에 답해 봅시다.

새로운 의문점

수사반장: 자, 이제 우리는 적합한 정보와 부적합한 정보를 모두 분류해 보았어. 어떻게 보면 우리는 불필요할 정도로 많은 정보를 수집한 것 같군. 그러나 사건 해결에는 바람직한 일이지. 아무튼 이 사건과 같은 상황에서는 정보가 너무 적은 것보다 많은 것이 언제나 더 좋으니까. 사람들은 참 협조적이었던 것 같군. 안 그런가, 김 형사?

김 형사: 맞습니다, 반장님. 참 협조를 잘했어요. 사실 고객들 중 한 사람만 빼놓고는 질문에 모두 성실히 답변해 주었어요.

수사반장: 답변하지 않고 떠나 버린 고객 이름은 알아봤나?

김 형사: 그 사람은 이영순인데, 곽철수의 말에 의하면 그 여자는 아주 신경이 예민한 사람인 것 같아요. 그 여자는 고객 중에서 맨 앞줄에 있었죠. 그래서 바로 강도 옆에 있었지만, 강도 사건 후 곧바로 은행을 떠나 버렸습니다. 저는 아무래도 그 여자가 왜 그렇게 빨리 떠나갔는지 이해가 안 갑니다.

수사반장: 음, 참 흥미 있는 일이군. 경비원의 말로는 그 여자는 녹색 승용차를 타고 사라졌는데 커다란 갈색 쇼핑백을 들고 있었다고 하고 있으니.

김 형사: 아니, 그럴 리가 있습니까? 은행 출납 계원 말로는 강도가 커다란 갈색 종이 쇼핑백에 돈을 넣었다고 했잖습니까?

박 형사: 맞아요! 저도 감시용 카메라에서 그 쇼핑백을 봤어요! 그러면 두 분도 제가 생각하고 있는 것과 같은 생각을 하고 계시는군요.

새로운 의심이 생기다

(바로 그때 수사반장은 무전기로 보고를 받았다.)

수사반장: 교통 순찰대의 보고야. 종로 1가 모퉁이에서 빨간 신호등을 무시하고 달리는 승용차를 세웠는데, 그 차를 이영순이 운전하고 있다는 거야. 차량은 1993년형 녹색 승용차로 번호판이 7290번이고 앞 좌석에는 커다란 갈색 쇼핑백이 있고 그 안에 지폐가 가득 들어 있다는군.

박 형사: 반장님, 저는 출동 준비가 됐습니다. 김 형사와 함께 가야겠죠?

수사반장: 좋아, 그렇게 하게. 두 사람이 이영순을 데려와서 심문을 해 보게. 아직 강도는 발견하지 못했지만 어쩌면 공범자는 알아낼 수 있을 것 같네.

1) 경찰은 누구를 범인이라고 판단하고 있는 것 같습니까?

2) 지금까지의 정보를 가지고 판단해 볼 때, 여러분은 누가 범인인 것 같습니까? 그렇게 생각한 이유는 무엇입니까?

3) 여러분은 경찰이 좀더 확실하게 범인을 잡으려면 앞으로 어떻게 해야 한다고 생각합니까?

8 정보의 일관성

▶▶▶오늘 생각할 내용

일관성 있는 정보와 일관성 없는 정보를 어떻게 구분할 수 있을까?

문제 해결에 적합한 정보와 부적합한 정보

1-1 다음 글을 읽고 물음에 답해 봅시다.

추리소설의 검토

앞의 이야기에서 경찰은 수첩에 기록했던 것들을 '적합한 정보'와 '부적합한 정보'로 분리하는 작업을 했다. 그 과정에서 경찰은 이영순과 관련된 것 중 몇 가지 의심스러운 행동들을 우연히 알아내게 되었다. 그것은 다음의 세 가지였다.

1. 강도 사건 직후에 이영순은 커다란 갈색 종이 쇼핑백을 들고 서둘러서 은행을 빠져나갔다.
2. 이영순은 녹색 승용차를 타고 사라졌다.
3. 잠시 후 이영순은 빨간 신호등을 무시하고 달리다가 경찰의 제지를 당했다. 그런데 자동차 앞좌석을 보니 지폐로 가득 찬 갈색 종이 쇼핑백이 있었다.

1) 여기서 '적합한 정보'와 '부적합한 정보'란 무엇을 말하나요?

2) 지난 시간에 적합한 정보를 구분해 내기 위해서 사용했던 세 가지 기준은 무엇이었나요?

   ①

   ②

   ③

1-2 다음 글을 읽고 물음에 답해 봅시다.

다시 경찰서로 돌아와서

(박 형사와 김 형사는 경찰서에 있다. 그들은 이영순에 대한 심문을 마치고 그녀를 집으로 돌려보냈다. 수사반장이 경찰서에 막 도착했다.)

수사반장: 너무 늦게 돌아와서 미안하네. 이영순에게 무슨 혐의 사실이 있었나?

김 형사: 이영순은 깨끗했습니다.

수사반장: 이영순이 강도 사건과 아무런 관계가 없단 말이지? 그러면 돈이 가득 찬 그 쇼핑백은 무엇이란 말인가?

김 형사: 쇼핑백에 있던 그 돈은 현대 주부 클럽의 한 자선 바자회에서 번 돈입니다. 그리고 이영순은 그 돈을 구좌에 넣기 위해 은행으로 가져가고 있는 중이었습니다.

수사반장: 그럼 그것이 사실인지 확인해 봤나?

김 형사: 그 자선 바자회의 회장은 자신이 직접 그 돈을 이영순에게 주었다고 했습니다. 그리고 그 돈은 1만 원짜리 지폐로 총 3,000만 원이라고 했습니다. 그것은 이영순의 쇼핑백에 있던 돈과 같은 액수였습니다.

수사반장: 그렇다면 왜 그 여자가 은행 밖으로 달아났을까?

박 형사: 겁이 났던 것이죠. 또 그래서 빨간 신호등을 무시하고 달렸던 겁니다. 우리가 이야기하면서 보니까 그 여자는 아직까지도 사시나무 떨듯이 떨고 있었습니다.

김 형사: 그 여자 말로는 강도가 총을 가지고 있었대요. 그래서 만약 자기 쇼핑백에 무엇이 들어 있는지 알기만 하면 자기를 쏠 것이라는 생각이 들더라나요. 그 여자는 바로 강도 옆에서 손을 들고 서 있었는데 그 때는 거의 제정신이 아니었다고 합니다.

수사반장: 음, 알 만해. 그러면 이영순이 강도에 대해 어떤 새로운 정보를 알려주지는 않던가?

박 형사: 아니요. 그 여자 말로는 강도가 출납 계원에게 무슨 말을 하는지 들으려고 했지만 소리가 너무 작아서 한 마디도 듣지 못했답니다.

위의 내용으로 볼 때, 이영순에 관한 정보는 문제 해결에 '적합한' 정보인가요? 다음 질문에 대해 생각해 봅시다.

1) 이영순의 쇼핑백은 범인의 쇼핑백인가?

2) 이영순은 강도를 도와준 공범인가?

 정보를 정리하기

2-1 다음 글을 읽고 물음에 답해 봅시다.

경찰들의 의견 불일치

수사반장: 음, 그만하면 설명은 충분해. 그건 그렇고 자네 둘 중 누가 다음에는 어떻게 해야 할지 말해 보겠나?

김 형사: 예, 반장님. 제 생각에는 3478 번호판을 단 푸른색 소형 트럭을 추적해야 한다고 보는데요.

수사반장: 자네 3678번을 말하는 거 아닌가?

김 형사: 아닙니다, 반장님. 제가 바로 여기에다가 적어 놓았는데요. 3478번입니다.

박 형사: 김 형사, 자네 또 혼동하고 있구먼. 나도 3678번으로 적었는데.

수사반장: 아, 제발 이러지들 말게. 지금 말다툼할 때인가? 자네들 중 한 명이 실수한 것 같네. 사실 목격자들이 실수를 할 가능성은 아주 많은 일이네.

박 형사: 반장님, 우리가 부정확한 정보를 갖고 나가서 누구를 체포할 수는 없는 노릇이 아닙니까? 어떻게 하는 게 좋을까요?

수사반장: 우리는 두 가지 일을 할 걸세. 우선 첫 번째로 우리가 가지고 있는 정보들을 항목별로 '분류'해서 보다 쉽게 볼 수 있도록 해야 하네. 그 다음 둘째로는 우리가 가지고 있는 정보들을 결합시켜 그것이 얼마만큼 '일관성 있는 것인가' 또는 '일관성 없는 것인가'를 찾아내야 하네.

    수사반장은 그들이 조사한 정보를 가지고 두 가지를 더 해야만 한다는 결정을 내렸습니다.

    첫 번째 할 일은 정보들을 종류별로 '분류'하는 것이었습니다.

김 형사의 수첩

1. (　　　　　　　　)

1.	신장	170cm	양송식(고객)
2.	머리	곱슬머리	양송식(고객)
3.	걸음걸이	절름발이	양송식(고객)
4.	체중	60kg	곽철수(고객)
5.	체중	60kg	박순섭(고객)
6.	체중	65kg	진인덕(고객)
7.	나이	45세	출납 계원
8.	나이	40세	곽철수(고객)

2. (　　　　　　　　)

9.	옷	황갈색 비옷	박순섭(고객)
10.	옷	황갈색 비옷	박말희(고객)
11.	마스크	붉은색 보자기	김순덕(고객)
12.	신발	카우보이 부츠	박순섭(고객)
13.	장갑	녹색	박순섭(고객)

3. (   )

14. 무기	권총	출납 계원
15. 가방	갈색 종이 쇼핑백	출납 계원

4. (   )

16. 고객의 수	6명	출납 계원
17. 고객의 수	6명	곽철수(고객)
18. 고객의 수	7명	김순덕(고객)
19. 출납 계원의 수	1명	출납 계원
20. 은행 사무원의 소재	휴식 중	출납 계원
21. 경비원의 소재	은행 문 밖	출납 계원

5. (   )

22. 자동차의 형태	푸른색 소형 트럭	진인덕(고객)
23. 자동차의 번호	3478	진인덕(고객)

'김 형사의 수첩'에서 김 형사는 어떤 기준들에 의해서 정보를 분류하고 있나요.

1) (   )
2) (   )
3) (   )
4) (   )
5) (   )

2-2 다음 글을 읽고 물음에 답해 봅시다.

박 형사의 수첩

강도의 신체적 특징

1.	걸음걸이	절름발이	박순섭(고객)
2.	걸음걸이	절름발이	진인덕(고객)
3.	머리	곱슬머리	박순섭(고객)
4.	얼굴의 상처	칼자국	곽철수(고객)
5.	신장	170cm	곽철수(고객)
6.	신장	170cm	진인덕(고객)

강도의 복장

7.	마스크	붉은색 보자기	감시용 카메라
8.	옷	검정색 외투	출납 계원
9.	옷	황갈색 비옷	감시용 카메라

강도의 소지품

10.	무기	식칼	출납 계원
11.	무기	권총	감시용 카메라
12.	가방	갈색 종이 쇼핑백	감시용 카메라

강도의 행동

13.	고객들에게 한 말	"모두 눈을 가려."	김순덕(고객)
14.	고객들에게 한 말	"모두 눈을 가려."	박순섭(고객)

목격자

15.	고객들의 수	6명	감시용 카메라
16.	출납 계원들의 수	1명	감시용 카메라
17.	은행 사무원의 소재	다방	다방 종업원

수상한 차량

18.	자동차의 형태	푸른색 소형 트럭	은행 사무원
19.	자동차의 번호	3678	은행 사무원

수사반장의 수첩

강도의 신체적 특징
1. 나이   30세   양송식(고객)

강도의 행동
2. 출납 계원에게 한 말   "아가씨 가방에 돈 집어넣어."   양송식(고객)

목격자
3. 경비원의 소재   은행 문 밖   경비원
4. 경비원의 소재   다방   다방 종업원

수상한 차량
5. 자동차의 형태   푸른색 자동차   경비원
6. 자동차의 번호   3678   경비원

수사반장이 정리한 방식과 김 형사와 박 형사가 정리한 방식은 어떤 공통점과 차이점이 있나요?

3-1 다음 표를 가지고 앞에서 보았던 정보들의 일관성을 평가해 봅시다.

1)

적합한 정보	김 형사	박 형사	수사반장	일관성 있는 정보
강도의 신체적 특징 1. 신장 2. 체중 3. 나이 4. 머리 5. 얼굴 상처 6. 걸음걸이				

2)

적합한 정보	김 형사	박 형사	수사반장	일관성 있는 정보
강도의 복장 1. 옷 2. 마스크 3. 신발 4. 장갑				

3)

적합한 정보	김 형사	박 형사	수사반장	일관성 있는 정보
강도의 소지품 1. 무기 2. 가방				

4)

적합한 정보	김 형사	박 형사	수사반장	일관성 있는 정보
강도의 행동 1. 강도가 출납 계원에게 한 말 2. 강도가 고객들에게 한 말				

5)

적합한 정보	김 형사	박 형사	수사반장	일관성 있는 정보
목격자 1. 고객의 수 2. 출납 계원의 수 3. 사무원 소재 4. 경비원 소재				

6)

적합한 정보	김 형사	박 형사	수사반장	일관성 있는 정보
수상한 차량 1. 자동차 모양 2. 자동차 번호				

9 정보의 신빙성

▶▶▶오늘 생각할 내용

수집한 정보가 여러 개일때, 가장 믿을 만한 정보를 찾아내는 방법은 무엇인가?

 정보의 출처

1-1 경찰이 수집한 정보 중에서 부정확한 것이 있다면, 그 이유는 무엇인가요?

①

②

③

④

1-2 다음은 경찰이 수집한 정보와 그것의 출처를 나타낸 표입니다. 여러 개의 정보들 중에서 가장 믿을 만한 정보, 즉 신빙성이 있는 정보가 무엇인지 생각해 봅시다.

	정보	출처
1. 강도의 옷	황갈색 비옷	박순섭
	황갈색 비옷	박말희
	황갈색 비옷	감시용 카메라
	검정색 외투	은행 출납 계원
2. 강도의 무기	권총	은행 출납 계원
	식칼	은행 출납 계원
	권총	감시용 카메라
3. 고객의 수	6명	은행 출납 계원
	6명	곽철수
	7명	김순덕
	6명	감시용 카메라
4. 강도의 나이	45세	은행 출납 계원
	40세	곽철수
	30세	양송식
5. 강도의 체중	60kg	곽철수
	60kg	박순섭
	65kg	진인덕
6. 차량 번호	3478	진인덕
	3678	은행 사무원
	3678	은행 경비원

1) 앞의 표에서 정보의 출처들을 종류별로 분류해 봅시다.

   ①
   ②
   ③
   ④
   ⑤

2) 위의 출처들을 가장 믿을 만한 것부터 순서대로 말해 보세요. 그렇게 생각한 이유는 무엇인가요?

   (   ) → (   ) → (   ) → (   ) → (   )

 신빙성 점검표

2-1 다음 표에 가장 신빙성 있는 정보를 표시해 봅시다.

1) 강도의 옷 색깔에 관한 가장 신빙성 있는 정보는 무엇인가요? 그 이유는 무엇인가요?

	정보	출처	가장 신빙성 있는 정보
1. 강도의 옷	황갈색 비옷	박순섭	
	황갈색 비옷	박말희	
	황갈색 비옷	감시용 카메라	
	검정색 외투	은행 출납 계원	

2) 강도의 무기에 관한 가장 신빙성 있는 정보는 무엇인가요? 그 이유는 무엇인가요?

	정보	출처	가장 신빙성 있는 정보
2. 강도의 무기	권총	은행 출납 계원	
	식칼	은행 출납 계원	
	권총	감시용 카메라	

3) 고객의 수에 관한 가장 신빙성 있는 정보는 무엇인가요? 그 이유는 무엇인가요?

	정보	출처	가장 신빙성 있는 정보
3. 고객의 수	6명	은행 출납 계원	
	6명	곽철수	
	7명	김순덕	
	6명	감시용 카메라	

4) 강도의 나이에 관한 가장 신빙성 있는 정보는 무엇인가요? 신빙성이 있는지 없는지 여부를 결정하기 어려운 이유는 무엇인가요?

	정보	출처	가장 신빙성 있는 정보
4. 강도의 나이	45세	은행 출납 계원	
	40세	곽철수	
	30세	양송식	

5) 강도의 몸무게에 관한 가장 신빙성 있는 정보는 무엇인가요? 신빙성이 있는지 없는지 여부를 결정하기 어려운 이유는 무엇인가요?

	정보	출처	가장 신빙성 있는 정보
5. 강도의 체중	60kg	곽철수	
	60kg	박순섭	
	65kg	진인덕	

6) 차량 번호에 관한 가장 신빙성 있는 정보는 무엇인가요? 그 이유는 무엇인가요?

	정보	출처	가장 신빙성 있는 정보
6. 차량 번호	3478	진인덕	
	3678	은행 사무원	
	3678	은행 경비원	

2-2 다음 글을 읽고 대답해 봅시다.

생각을 바꾼 김 형사

수사반장: 두 사람 그동안 수고 많았어. 그동안 여러 정보들의 적합성, 일관성, 신빙성을 검토해 보았는데 이제 더 이상 새로운 용의점은 없는지 알아보아야겠어. 어떻게 하면 좋을까?

김 형사: 반장님, 저는 아직도 그 푸른색 소형 트럭이 마음에 걸려서 아무래도 점검해 보아야 할 것 같습니다.

수사반장: 왜 그렇지?

김 형사: 저는 누군가가 은행 밖에다 자동차 시동을 걸어 놓고 있다가 함께 떠나갔다는 것이 참 이상하다고 생각돼요.

수사반장: 박 형사는 어떻게 생각하지?

박 형사: 반장님, 저의 추측도 김 형사와 같아요. 당시 사건 장소에는 이영순의 녹색 승용차를 제외하고 차량이라고는 푸른색 소형 트럭밖에 없었거든요.

수사반장: 좋아, 확신이 섰어. 그러면 푸른색 소형 트럭의 주인이 누구인지 알아보도록 해.

김 형사: 좋습니다. 그럼 3678번 차량을 추적하도록 하겠습니다.

수사반장: (김 형사에게 윙크를 하면서) 김 형사, 자넨 참 훌륭한 형사야. 어떻게 해서든지 가서 찾아보고 가능한 한 빨리 보고하도록!

1) 수사반장이 김 형사를 보고 훌륭한 형사라고 말한 까닭은 무엇인가요?

2) 김 형사는 왜 자신의 생각을 바꾸게 되었나요?

3-1 다음 글을 읽고 정보의 신빙성에 관하여 생각해 봅시다.

> 어떤 형사가 한 학생에게 다음과 같은 질문을 했다고 상상해 봅시다.
> "학생, 이 학교의 교장 선생님을 본 적이 있나요?"
> "예."
> "그러면, 교장 선생님을 정말 정확하게 봤겠죠?"
> "예."
> "교장 선생님은 남자였습니까, 여자였습니까?"
> "여자였습니다."
> 또 한 학생에게 형사가 같은 질문을 합니다.
> "학생, 이 학교의 교장 선생님을 본 적이 있지요?"
> "예."
> "그러면, 교장 선생님은 남자였습니까, 여자였습니까?"
> "여자였습니다."
> 이러한 질문을 몇 번 더 반복합니다.
> 이제 우리는 많은 정보 출처들로부터 이 학교의 교장이 여자라는 정보를 얻었습니다.

1) 이 글에서 교장 선생님이 여자라는 것은 신빙성 있는 정보입니까? 그 이유는 무엇입니까?

3-2 다음 글을 읽고 정보의 신빙성에 관하여 생각해 봅시다.

> "학생, 이 학교의 교장 선생님을 본 적이 있습니까?"
> "예."
> "교장 선생님을 정말 잘 보았습니까?"
> "예."
> "교장 선생님 연세는 얼마이신가요?"
> "잘 모르겠습니다."
> 또 한 학생에게 같은 질문을 합니다.
> "학생은 이 학교의 교장 선생님을 본 적이 있지요?"
> "예."
> "교장 선생님을 정말 잘 보았습니까?
> "예."
> "교장 선생님의 연세는 얼마이신가요?"
> "55세입니다."
> "분명히 확신할 수 있나요?"
> "아니오."

1) 학생들이 교장 선생님을 여러 번 보았는데도 나이가 몇 살인지 확실하게 대답하지 못한 이유는 무엇인가요?

2) 사람의 '나이' 처럼 겉으로만 봐서는 정확하게 판단하기 어려운 경우를 예로 들어 보세요.
   ①
   ②
   ③
   ④

10 정보의 수집과 분석

▶▶▶ **오늘 생각할 내용**

적합성, 일관성, 신빙성이 없어 보였던 정보들을 다시 평가해 보면 쓸모 있는 정보가 될 수도 있는가?

 신빙성 검토

1-1 다음 글을 읽고 생각해 봅시다.

신빙성 분석

앞의 이야기에서 경찰은 그들이 가지고 있는 정보들 가운데서 그런 대로 가장 신빙성 있는 정보가 어느 것인지를 결정하였다. 그러기 위하여 경찰은 신빙성의 세 차원을 검토하였다.

첫째, 그 정보의 출처가 지닌 성격에 따라 가장 정확한 정보를 제공할 수 있는 출처가 어느 것인지를 검토하였다.

둘째, 경찰은 정보의 일관성을 검토하였다. 둘 이상의 출처로부터 나온 정보라면 더 믿을 수 있는 것으로 보았다.

셋째, 정보의 특성을 검토하였다. 주어진 정보가 목격자나 감시용 카메라에 의하여 정확하게 확인될 수 있는 정보인가를 살펴보았다.

이러한 과정을 통하여 경찰은 푸른색 소형 트럭의 차량 번호가 3678이라고 결정하였다. 이것은 3678번 푸른색 소형 트럭이 도난 차량일 가능성이 컸으므로 매우 중요한 정보였다.

	결국 이 이야기의 끝부분에서 김 형사와 박 형사는 푸른색 소형 트럭의 주인을 찾으러 갔다. 만일 그 주인을 찾아낸다면 그들은 강도를 잡을 수 있을 것이다.

1) 경찰이 정보의 출처들 중에서 감시용 카메라를 가장 정확한 출처라고 생각한 이유는 무엇입니까?

2) 경찰은 왜 출납 계원이 고객들보다 더 정확한 정보를 제공해 준다고 생각했습니까?

3) 누가 푸른색 소형 트럭에 관해서 가장 정확한 정보를 가지고 있었습니까? 그 이유는 무엇인가요?

4) 경찰이 수집한 정보들의 일관성을 중요하게 생각한 이유는 무엇인가요?

5) 경찰은 왜 강도의 체중에 관하여 수집했던 정보들을 신뢰하지 않았나요?

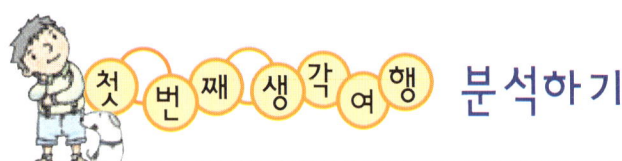 분석하기

2-1 다음 내용을 읽고 생각해 봅시다.

경찰서로 돌아오다

(김 형사와 박 형사는 푸른색 소형 트럭에 대한 조사를 마치고 방금 돌아왔다.)

수사반장: 뭐 좀 건졌나?

김 형사: 푸른색 소형 트럭은 도난 차량이 아닌 것 같습니다.

수사반장: 그럼 누구 차지?

김 형사: 차의 주인은 길 잃은 개를 잡는 이영식이었습니다. 그 자는 경비원이 반장님께 말했던 그 이상한 개를 붙잡은 사람입니다. 이 동네 사람들의 얘기로는 이씨가 길 잃은 개를 잡을 때 흔히 그 차를 몰고 가서 잡는다고 말했습니다.

수사반장: 음, 그렇게 실망스러운 표정은 짓지 말게.

김 형사: 수사가 진행될수록 정보만 쓸모 없게 되는군요. 이렇게 가다가는 범인을 체포하기도 전에 정보가 바닥이 나고 말 겁니다.

상황의 평가

수사반장: 김 형사, 마음을 편히 갖게. 우린 정보를 버린 것이 아니라 잠깐 제쳐 둔 거야. 말해 보게나. 왜 우리가 그 정보를 제쳐 두었나?

김 형사: 그 정보가 사건 해결에 적합하지 못하거나, 일관성이 없거나, 아니면 신빙성이 없어 보였기 때문입니다. 다시 말해 그 정보가 쓸모 없는 것처럼 보였기 때문이지요.

수사반장: 그렇다네. 쓸모 없어 보이는 정보는 제쳐 놓게 되지. 그 정보가 쓸모 없다고 확신이 될 경우에는 정말로 그것을 버릴 수밖에. 그러나 오히려 한 걸음 더 나간 셈이 되지.

김 형사: 왜 그런지 이해가 안 되는데요?

박 형사: 한 가지만 빼 놓고는 이해가 갑니다. 수사를 하는 데 쓸모 있는 정보

> 　　　　　가 충분하지 못할 경우에는 어떻게 합니까?
> 수사반장: 역시 박 형사는 머리 회전이 빨라. 일급 수사관에게도 그런 경우가 가끔 생기지. 그래도 그때는 최소한 잘못된 정보에 집착하고 있지 않다는 점에서는 우리에게 위로가 되지.
> 박 형사: 글쎄요, 별로 그런 상황이 못 되는 것 같은데요. 용의자와 단서가 모두 바닥 났습니다.

1) 김 형사가 실망하고 있는 이유는 무엇인가요?

2) 경찰이 지금까지도 정확한 단서와 용의자를 갖고 있지 못한 이유는 무엇인가요?

3) 이제 경찰은 어떻게 해야 하나요?

4) 여러분은 누가 범인이라고 생각하나요? 그렇게 생각한 이유는 무엇인가요?

2-2 다음 내용을 읽고 생각해 봅시다.

사실들을 다시 생각해 보기

수사반장: 난 아직 포기하지 않았네.

박 형사: 다른 생각이 있으신가요?

수사반장: 도난을 당할 때 은행에 있었던 고객의 수에 관한 정보를 생각해 보고 있어.

김 형사: 여섯 명이었잖아요. 은행 출납 계원과 감시용 카메라 모두가 여섯 명이 있었음을 확인해 주었습니다.

수사반장: 맞아. 그렇지만 고객들 중 한 사람은 일곱 명이 있었다고 말했지.

박 형사: 무슨 생각을 하시는데요?

수사반장: 응, 사람 수를 세는 것은 몸무게를 재는 것과 다르다는 말이지. 사람이 몇 명 있었는가는 정확하게 관찰하기가 어려운 것이 아니야. 한 사람이라고 해도 정확하게 볼 수 있었을 것 같단 말이야.

박 형사: 하지만 제가 감시용 카메라의 필름에서 확인했는걸요. 도난을 당할 때 창구에는 정확히 여섯 명의 고객이 있었습니다. 세 명은 여자였고 세 명은 남자였습니다.

수사반장: 박 형사가 잘못 보았다는 이야기가 아니야. 그러나 잘 생각해 보라구. 강도가 은행을 덮쳤을 때 고객들은 눈을 가리고 있었거든.

김 형사: 아! 고객 한 명은 창구에 일곱 명이 있는 것을 실제로 보았지만 억류 상태가 끝나고 가린 눈을 떴을 때 본 것이군요!

수사반장: 가능하지. 그러니까 강도에 대한 정보와 사건 당시 은행에 있었던 사람들에 대한 정보를 각각 대조해 보도록 하세.

박 형사: 그렇다면 고객들을 모두 다 검토해야 하나요?

수사반장: 좋은 질문이야. 박 형사는 감시용 카메라에서 남자 세 명과 여자 세 명을 보았다고 했지. 그런데 우리가 조사한 일곱 명의 고객들 중에 남자와 여자가 각각 몇 명씩 있었나?

김 형사: 세 명이 여자였습니다. 김순덕, 박말희, 이영순이지요.

박 형사: 그리고 네 명은 남자였습니다. 양송식, 곽철수, 진인덕, 박순섭입니다.

수사반장: 맞았어. 바로 그거야. 김 형사, 가서 남자 네 명의 인상착의를 강도의 인상착의와 비교할 수 있도록 표를 만들어 오게.

1) 앞의 내용을 바탕으로 다음 표를 완성해 봅시다.

항목 \ 용의자	강도	양송식	곽철수	진인덕	박순섭
1. 복장		청색 작업복	황갈색 비옷	녹색 잠바	?
2. 신장		165cm	180cm	175cm	170cm
3. 체중		55kg	75kg	85kg	64kg
4. 나이		40세	57세	34세	32세
5. 머리카락		곧은머리	곱슬머리	곧은머리	곧은머리
6. 걸음걸이		정상	정상	정상	정상

2) 용의자들의 인상착의 중에서 강도와 가장 비슷한 사람은 누구인가요?

2-3 다음 내용을 읽고 생각해 봅시다.

용의자의 평가

(김 형사가 수사반장의 사무실로 들어왔다. 김 형사는 반장이 요구한 인상착의표를 만들어 가지고 막 검토를 끝냈다.)

김 형사: 그런데, 반장님. 박순섭이 우리가 찾는 인물 같습니다. 박순섭은 신장, 체중, 나이가 강도와 유사합니다. 박순섭을 체포할까요?

수사반장: 서두르지 말게. 다른 사람들의 인상착의는 어떤가?

김 형사: 곽철수만이 유사합니다. 그 사람은 강도와 똑같은 황갈색 비옷을 입고 있었고 머리도 곱슬머리입니다.

수사반장: 나는 곽철수가 의심스러운데 왜 김 형사는 그 자가 강도라고 생각하지 않지?

인상착의 비교

김 형사: 곽철수는 강도가 아닌 것 같습니다. 그는 강도보다 신장이 훨씬 크고 건장하고 나이도 많습니다. 한 사람에게서만 들은 게 아니니까 틀림없을 겁니다.

수사반장: 무슨 말인지 알겠네. 하지만 곽철수는 강도가 입고 있었던 것과 같은 황갈색 비옷을 입고 있지 않았나?

김 형사: 모르겠어요. 하지만 비옷은 사람들이 잘 벗어 두지요.

수사반장: 좋은 점을 지적했어, 김 형사. 그러나 우린 누군가를 체포하기 전에 확신을 가질 수 있어야 하네. 박순섭의 인상착의는 모든 점에서 강도의 인상착의와 같은가?

김 형사: 강도의 머리카락은 곱슬머리지만 박순섭의 머리카락은 곧은머리였고 강도는 절름발이였지만 박순섭은 그렇지가 않았습니다.

1) 여러분은 곽철수가 강도라고 생각하나요? 그 이유는 무엇인가요?

2) 만약 김 형사가 옳다고 가정하면, 인상착의에서 차이가 나는 이유를 어떻게 설명할 수 있을까요?

2-4 다음 내용을 읽고 생각해 봅시다.

차이점 설명하기

수사반장: 김 형사, 박순섭과 강도의 인상착의가 왜 다른지 생각해 보았나? 설명할 수 있겠나?

김 형사: 제 생각에 박순섭이 은행을 털 때 곱슬머리의 가발을 쓰고 있었던 것 같습니다. 그리고 누구든지 절름발이인 체할 수 있습니다.

수사반장: 금메달감이야. 문제의 핵심을 찔렀어. 우리는 지금 매우 중요한 정보를 간과하고 있었네. 박 형사를 이리 오라고 하게.

(김 형사는 수사반장의 사무실에서 나갔다가 잠시 후 박 형사를 데리고 나타났다.)

수사반장: 박 형사, 다시 은행에 가봐야겠어. 가서 두 가지 일을 해 주게. 우선 감시용 카메라 테이프를 다시 살펴보게. 그런 다음 탈의실로 가서 오늘 나온 쓰레기를 모두 조사하여 철저한 목록을 만들게.

새로운 증거 수집

(박 형사가 수사반장의 명령으로 은행에 갔다가 돌아왔다.)

수사반장: 뭘 발견했나?

박 형사: 감시용 카메라는 쓸모 없었습니다. 감시용 카메라는 비디오 테이프를 절약하기 위하여 15분마다 다시 감기게 되어 있습니다. 은행의 지점장은 억류 상태가 기록될 수 없도록 강도 사건이 일어나자마자 감시용 카메라를 꺼 버렸습니다.

수사반장: 우리에겐 가장 소중한 정보인데, 휴대품 보관소와 쓰레기통에서는 무엇을 발견했나?

박 형사: 쓰레기통을 모두 조사하였습니다. 혹시 중요할까 봐 나중에 철저히 조사할 수 있도록 모두 가방에 넣어 왔습니다.

수사반장: 그 밖에 뭐 없었나?
박 형사: 부러진 연필 한 자루와 다 쓴 볼펜 두 자루, 부서진 의자, 그리고 또 있습니다.
수사반장: 말해 봐.
박 형사: 놀라지 마세요, 반장님. 곱슬머리 가발이 들어 있는 커다란 갈색 종이 쇼핑백입니다.
수사반장: 좋았어. 보관소는 어땠나?
박 형사: 보관소엔 은행 직원의 물건 외엔 이렇다 할 것이 별로 없었습니다.
수사반장: 그래, 뭐가 있었는데?
박 형사: 검은색 우산 한 개, 자주색 스카프, 카우보이 부츠 한 켤레, 주머니에 녹색 장갑이 들어 있는 황갈색 비옷이 있었습니다.

박 형사가 발견한 새로운 단서들을 가지고 강도가 누구인지 가설을 세워 봅시다. 그리고 그렇게 가설을 세운 이유를 말해 봅시다.

3-1
다음 내용을 읽고 생각해 봅시다.

가설 설정

수사반장: 수고했어. 우리가 가장 필요로 하는 정보 하나를 가져왔군.
박 형사: 황갈색 비옷을 찾아냈을 때 반장님이 기뻐하실 줄 알았습니다.
수사반장: 물론이지. 그러나 오해가 있네. 가장 필요로 했던 정보는 카우보이 부츠일세.
박 형사: 카우보이 부츠요?
 반장님은 박순섭을 체포하길 바라지 않으셨나요? 맞지 않습니까?
수사반장: 아니야. 양송식이야.

가설의 설명

(경찰관은 현대은행 강도 사건에 대하여 양송식을 심문하고 있다.)

박 형사: 언제나처럼 이번에도 반장님이 옳았어요. 양송식이 모든 걸 털어놨습니다. 도대체 반장님은 그 자가 범인인 줄 어떻게 아셨나요?

수사반장: 나도 처음 양송식을 심문할 땐 확신을 갖지 못했지. 그 자가 민동일이 범인이라고 완강히 버텼거든. 그 자는 강도가 정확히 30세라고 우겼지. 난 양송식이 너무도 확실하게 주장하는 게 의심스러웠어.

박 형사: 민동일은 정확히 30세인데요.

수사반장: 물론 그렇지. 양송식은 민동일에게 덮어씌우려 했던 거지. 그 자는 민동일이 병원에 있다는 걸 몰랐거든.

김 형사: 이젠 알았어요. 양송식은 사람들이 은행을 턴 것이 민동일이라고 생각하도록 가발을 쓰고 절름발이로 가장했던 거죠. 민동일처럼 키가 크게 보이려고 카우보이 부츠를 신었던 것이고요.

박 형사: 옳아, 맞았어. 고객들이 눈을 가리고 있을 때, 그 자는 보관소로 기어 들어가 구두로 바꿔 신고 가발과 비옷을 벗어 버렸군요.

김 형사: 돈은 어떻게 했을까?

박 형사: 자신의 서류가방에 쑤셔 넣었지.

김 형사: 이해가 됩니다. 그러나 반장님, 여전히 의문이 남습니다. 이미 범인이 양송식인 걸 아셨던 건가요? 어떻게 확신할 수가 있었나요?

수사반장: 두 가지 이유가 있지. 하나는 고객인 박말희가 양송식이 창구에 있었다고 말해 준 거야.

김 형사: 맞아요. 저도 기억합니다. 억류가 끝난 후에 그랬다고 했습니다. 아마도 양송식은 자신이 창구에 있었던 마지막 고객처럼 보였다고 생각했을 겁니다. 또 하나는 뭐지요?

수사반장: 양송식은 강도가 출납 계원에게 "아가씨, 돈을 가방에 집어넣어."라고 말했다는 거였지. 그건 출납 계원이 나에게 한 말과 정확히 일치했어.

김 형사: 그런데요?

수사반장: 응, 다른 사람은 아무도 강도가 한 말을 못 들었다고 했거든. 강도 바로 옆에 있었던 이영순조차도 강도가 한 말을 듣지 못했다고 했어. 들으려고 했지만 강도의 목소리가 너무 작았다는 거야.

> 박 형사: 저도 들었어요. 하지만 양송식은 창구에서 멀리 떨어져 있었기 때문에 들을 수가 없었죠.
> 수사반장: 맞아, 그거야. 양송식이 강도가 한 말을 안다는 것은 이영순보다도 강도에게 더 가까이 있었다는 것이 되거든.
> 김 형사: 그러나 이영순은 강도 바로 옆에 있었습니다.
> 수사반장: 그렇고말고.

1) 수사 과정의 처음에 경찰이 부적합하다고 생각하고 버린 정보들 중에서 중요한 정보는 어떤 것들이 있나요?

2) 문제를 완전히 해결하기 전까지는 적합한 정보와 부적합한 정보를 확실하게 구별하기 어려운 이유가 무엇인가요?

Ⅳ. 문제 해결 연습

11 문제 해결 연습 ①

▶▶▶ 오늘 생각할 내용

주어진 문제를 가장 빠르면서도 올바르게 해결하는 방법은 무엇인가?

체계적 시행착오의 방법

1-1 다음 문제를 읽고 생각해 봅시다.

> **자동판매기**
>
> 6명의 아이들이 자동판매기에서 음료수를 샀습니다. 이 자동판매기는 100원짜리 동전만 사용해야 합니다. 이 판매기에서는 우유를 200원에, 주스를 400원에 팔고 있습니다. 만일 아이들이 1,800원을 가지고 음료수 6잔을 샀다면, 어떤 음료수를 몇 잔씩 샀을까요?

1) 아이들은 음료수를 몇 잔 샀습니까?

2) 우유 4잔과 주스 2잔을 샀다면 얼마를 내야 했을까요? 이것은 정답이 될 수 있나요?

3) 우유 1잔과 주스 5잔의 값은 얼마입니까? 이것은 정답이 될 수 있나요?

4) 예상되는 답을 만들어 내는 방법을 생각해 봅시다. 아래 표에 음료수의 개수를 합하여 6이 되는 숫자의 쌍을 적어 보세요.

우유	주스

5) 예상되는 답안을 골라 계산해 보고, 옳지 않으면 그 결과를 바탕으로 다른 답안을 적용하여 계속 정답을 찾아봅시다.

체계적 시행착오 방법

1. 몇 개의 답을 추측하고, 이것을 검토해 본다.
2. 가능한 모든 예상 답안의 집합을 정한다.
3. 가능한 모든 예상 답안을 열거한다.
4. 열거한 예상 답안의 목록들을 검토한 후, 정답을 찾아 나간다.

1-2 다음 문제의 예상 답안을 열거해 보고, 하나씩 적용하여 답이 될 수 없는 것은 지워 나가면서 문제를 해결해 봅시다.

네모 안에 숫자 넣기

아래에 있는 네모 칸 하나하나에 1에서 9까지의 숫자를 한 번씩만 써 넣어 그 합이 13이 되게 만들어 보세요.

```
         13
          ‖
         □ □ □ = 13
          +
          □
          +
   □ + □ + □ = 13
   +
   □
   +
   □
   ‖
   13
```

1) 세 개의 숫자를 합하여 '13'이 되는 경우를 열거해 보세요.

첫 번째 수	두 번째 수	세 번째 수

2) 이 숫자들을 어떻게 적용하여 문제를 해결할 수 있을지 생각해 봅시다.

1-3 다음 문제의 예상 답안을 열거해 보고, 하나씩 적용하여 답이 될 수 없는 것은 지워 나가면서 문제를 해결해 봅시다.

균형 잡힌 삼각형

아래 그림과 같은 아홉 개의 네모 칸 안에 1에서 9까지의 각각 다른 숫자를 써서 각 변의 합이 20이 되도록 만들어 보세요.

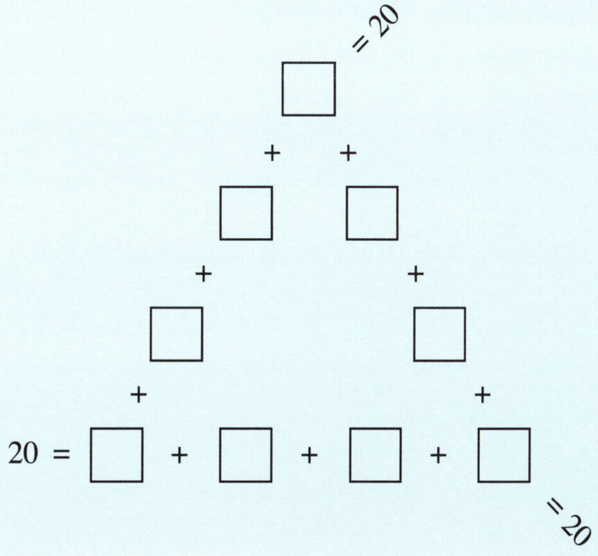

```
                □ =20
               + +
              □   □
             +     +
            □       □
           +         +
     20 = □ + □ + □ + □
                        =20
```

1) 네 개의 숫자를 합하여 '20'이 되는 경우를 열거해 보세요.

첫 번째 수	두 번째 수	세 번째 수	네 번째 수

2) 이 숫자들을 어떻게 적용하여 문제를 해결할 수 있을지 생각해 봅시다.

2-1

체계적 시행착오 방법을 적용하여 다음 문제들을 해결해 봅시다.

1) 다음 숫자들을 사용해서, 그 사이에 더하기(+) 기호를 적당하게 넣어 100이 되도록 만들어 보세요.

> 4　4　4　4　4　4　4　＝　100

2) 다음 숫자들을 차례대로 사용하고, 그 사이에 더하기(+) 기호를 적당하게 넣어 오른쪽과 같이 되도록 만들어 보세요.

> ① 9　8　7　6　5　4　3　2　1　＝　99
> ② 1　3　5　7　9　7　5　3　1　＝　50
> ③ 1　1　1　1　1　1　1　＝　124

3)

자동판매기

학생들 여섯 명이 대공원에서 표를 사려고 자동판매기 앞에 서 있습니다. 그런데 그 판매기는 오직 100원짜리 동전만을 사용할 수 있습니다. 판매기는 궤도열차와 회전열차 각각에 대해 500원 이하의 표를 팔고 있는데, 실제 정확한 값은 알 수 없습니다. 이 학생들 여섯 명이 표를 사기 위해 총 1,900원을 썼다면, 어떤 표를 얼마에 샀을까요?

4)

김씨의 세 아이들 나이는?

수수께끼 놀이를 좋아하는 쌍둥이 아빠 김씨가 새로 사귄 어떤 사람에게 자신의 세 아이에 대해 이야기하려고 합니다. 그 사람이 아이들의 나이를 묻자, 김씨는 유머 감각을 발휘하여 다음과 같이 대답했습니다.

"우리 아이들의 나이의 곱은 36이고, 그 합은 우리 집 오른쪽 옆집의 번지수와 같아요."

역시 문제 풀기를 좋아하는 그 사람은 잠시 곰곰이 생각하더니, 이웃집 주소를 보러 갔습니다. 이웃집 대문에는 13번지라고 적혀 있었습니다. 그러나 다시 돌아와서는 김씨에게 다음과 같이 말했습니다.

"미안합니다만, 저에게 충분한 정보를 주지 않으셨습니다."

그러자 김씨는 다음과 같이 대답했습니다.

"사실 그렇습니다. 이제 나머지 정보를 드리지요. 가장 큰 아이는 지금 위층에서 잠을 자고 있어요."

그렇다면 김씨의 세 아이들의 나이는 각각 몇 살인가요?

5)

잘못 붙은 이름표

어떤 농산물 시장의 판매대 위에 세 개의 과일 상자가 있습니다. 상자에는 '사과' '귤' '사과와 귤'이라는 이름표가 붙어 있긴 하지만, 어떤 사람이 실수를 해서 세 상자의 이름표가 모두 상자 속에 들어 있는 과일과 다르게 붙어 있게 되었습니다.

이때 상자 하나에서 과일 하나를 꺼내, 과일 상자 세 개의 이름표를 바로잡을 수 있을까요?

6)

누가 유리창을 깼을까요?

아이들이 공놀이를 하고 있었습니다. 그런데 이씨 부인은 갑자기 무엇인가 깨지는 소리를 들었습니다. 창문이 깨진 것입니다. 부인은 밖으로 뛰어나가 죄를 진 듯한 표정을 하고 있는 네 아이의 얼굴을 바라보았습니다. 그들 가운데 한 아이가 창문을 깬 것이 틀림없습니다.

병수가 "성호가 깼어요." 하고 말했습니다. 성호가 그 말을 석연찮게 부인하고는 "연수가 그랬어요." 하고 말하자, 연수는 "내가?" 이렇게 반문하고 "거짓말이에요." 하고 말했습니다. 이씨 부인이 명호를 바라보자, 명호도 역시 "저를 보지 마세요. 저는 안 그랬어요." 하고 말했습니다.

이씨 부인은 누구든지 창문을 깬 사람이 그것을 물어내야 한다고 말하고, 누가 깼는지 꼭 찾아낼 것이라고 말했습니다. 그리고 이씨 부인은 태수가 이 모든 일을 지켜보고 있었다는 것을 알고 태수에게 누가 그랬느냐고 물었습니다. 그러나 태수는 이렇게 대답했습니다.

"말할 수 없어요. 저는 고자질쟁이가 아니니까요. 하지만 저 아이들 중 딱 한 사람은 참말을 하고 있어요."

태수의 말이 진실이라면, 병수, 성호, 연수, 명호 네 명 중에서 유리창을 깬 아이는 누구일까요?

12 문제 해결 연습 ②

▶▶▶ 오늘 생각할 내용

그림으로 나타내어 답을 구할 수도 없고, 예상 답안이 너무 많아서 체계적 시행착오의 방법으로도 풀 수 없는 문제는 어떻게 해결할 수 있을까?

 첫 번째 생각여행 **숨겨진 단서 찾기**

1-1 다음 덧셈의 숫자를 보기와 같이 다른 문자로 바꾸어 봅시다.

```
    2 3 9         D H B         (      )
  + 9 3 2       + B H D       + (      )
  ───────       ─────────       ─────────
    1 1 7 1       A A E A         (      )
```

1-2 다음 표는 몇 개의 숫자들을 영문자로 코드화한 것입니다. 이것을 참고로 하여 영문자로 되어 있는 덧셈식을 숫자로 이루어진 덧셈식으로 바꾸어 보세요.

$$T = 0, \quad Y = 6, \quad C = 1$$
$$A = 7, \quad N = 2, \quad G = 8, \quad S = 3$$

$$\begin{array}{r} Y\,N\,C \\ +\ S\,G\,Y \\ \hline C\,T\,T\,A \end{array} \quad \rightarrow$$

1-3 다음 문제에서 각 영문자가 어떤 수를 나타내고 있는지 알아보고, 어떻게 풀었는지 그 과정을 적어 봅시다.

$$\begin{array}{r} L\,E\,E\,R \\ +\ B\,B\,E\,R \\ \hline R\,A\,M\,A\,L \end{array} \quad \rightarrow$$

1-4 다음 문제에서 각 영문자가 어떤 수를 나타내고 있는지 알아보고, 오른쪽에 있는 칸에 완성해 보세요.

1)
$$\begin{array}{r} A \\ +\ E\,E \\ \hline A\,R\,R \end{array} \quad \rightarrow$$

2)
```
      A L A
  +   A L I
  ─────────  →
      I I E L
```

2-1

다음 문제들에서 각 영문자가 어떤 수를 나타내고 있는지 알아내고 문제 옆에 있는 표를 완성해 보세요.

1)
```
        C A B
  ×         2
  ─────────────  →
        B L L A
```

2)
```
      F A R E
  +   C A R E
  ─────────────  →
      C L C F F
```

3)
```
      R U A L
  ×         4
  ─────────────  →
      A L A B A
```

4)
```
    A L A
+   U L A
---------
    L U U
```
→

5)
```
    A R P
+   A R P
---------
    R R A
```
→

2-2 성냥개비(또는 이쑤시개)를 가지고 다양한 모양을 만들었습니다. 다음 문제를 읽고 생각해 봅시다.

1) 성냥개비 16개를 아래 그림과 같이 배열하세요. 그런 다음 성냥개비 2개를 옮겨서 똑같은 크기의 정사각형 4개를 만드세요.

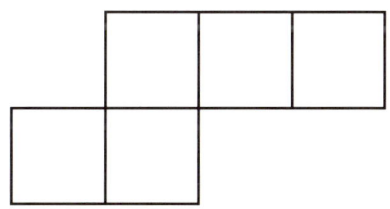

2) 성냥개비 12개를 아래 그림과 같이 배열하세요. 그런 다음 성냥개비 3개를 옮겨서 똑같은 크기의 정사각형 3개를 만드세요.

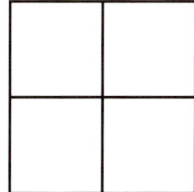

3) 성냥개비 12개를 아래 그림과 같이 배열하세요. 그런 다음 성냥개비 4개를 옮겨서 똑같은 크기의 정사각형 3개를 만드세요.

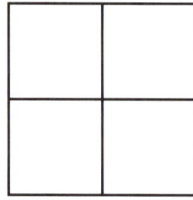

4) 성냥개비 12개를 아래 그림과 같이 배열하세요. 그런 다음 성냥개비 2개를 들어내 서로 다른 크기의 정사각형 2개를 만드세요.

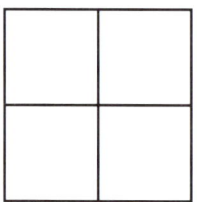

5) 성냥개비 16개를 아래 그림과 같이 배열하세요. 그런 다음 성냥개비 4개를 들어내 똑같은 크기의 정삼각형 4개를 만드세요. 단, 삼각형이 서로 떨어져서는 안 됩니다!

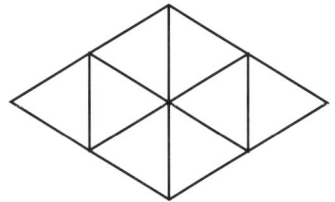

6단계 평가문제

6단계 평가문제

1 다음 그림과 같은 결과가 예상되는 경우의 예를 들어 보세요.

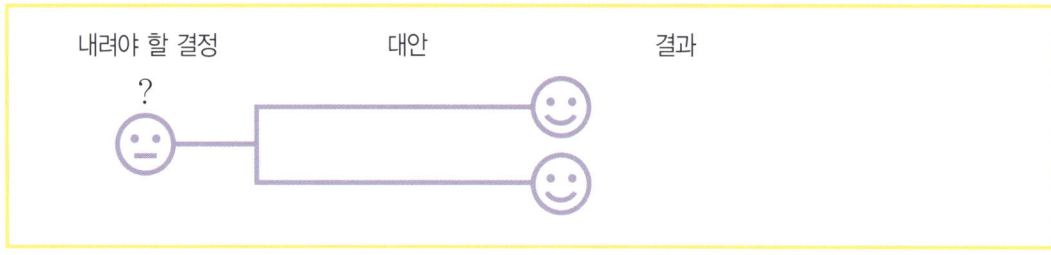

1) 대안 1

2) 대안 2

2 다음 그림과 같은 결과가 예상되는 경우의 예를 들어 보세요.

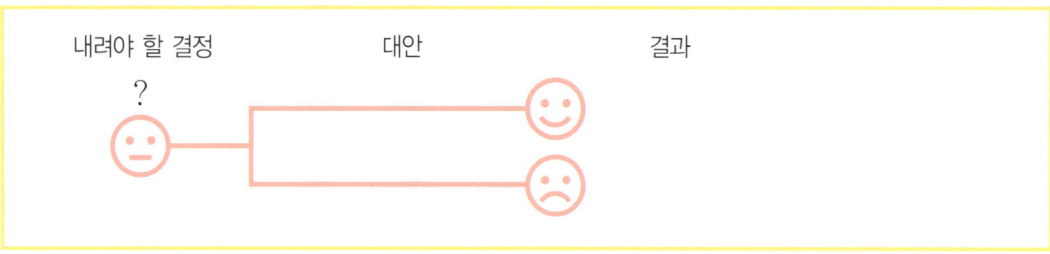

1) 대안 1

2) 대안 2

3 다음 그림과 같은 결과가 예상되는 경우의 예를 들어 보세요.

1) 대안 1

2) 대안 2

4 다음 그림과 같은 결과가 예상되는 경우의 예를 들어 보세요.

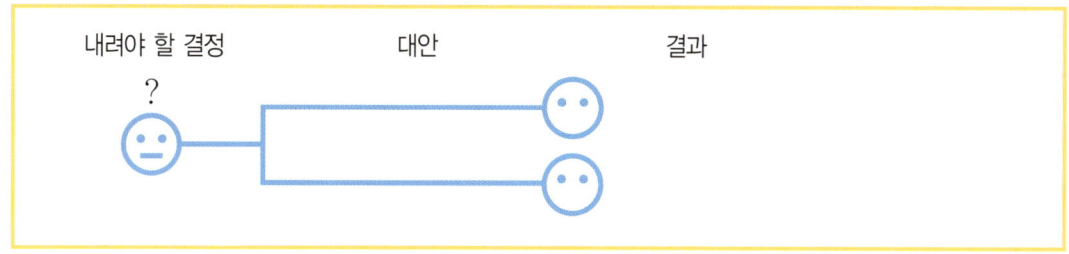

1) 대안 1
2) 대안 2

※다음 그림을 보고 생각해 봅시다.

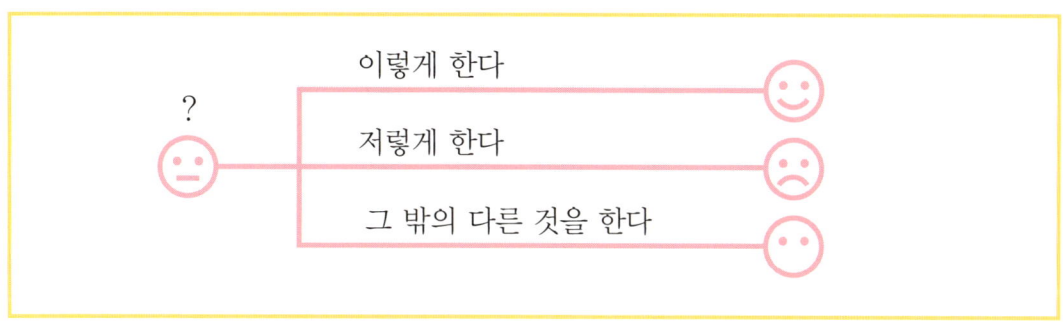

5 위와 같은 대안과 결과가 예상되는 예를 한 가지 들어 보세요.

6 여러분은 이 중에서 어떤 대안을 선택하겠습니까? 그 이유는 무엇입니까?

※다음과 같은 경우에 여러분은 어떤 대안을 선택하겠습니까?

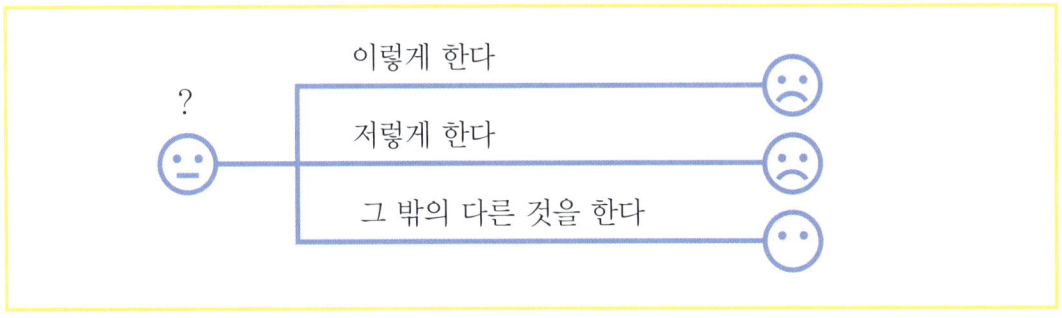

7 위와 같은 대안과 결과가 예상되는 예를 한 가지만 들어 보세요.

8 여러분은 이 중에서 어떤 대안을 선택하겠습니까? 그 이유는 무엇입니까?

9 진혁이는 싫어하는 음식인 청국장과 냉장고에 들어 있는 어떤 알 수 없는 음식 중에서 한 가지를 꼭 먹어야 합니다. 진혁이는 어떻게 해야 할까요?
먼저, 다음의 빈 얼굴 그림에 표정을 그려 넣으세요.

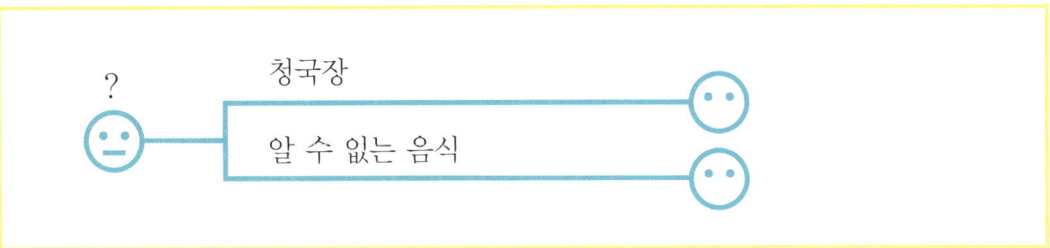

10 여러분은 이 중에서 어떤 대안을 선택하겠습니까? 그 이유는 무엇입니까?

11 지수는 음식 중에서 햄버거와 피자를 가장 좋아하고, 핫도그는 약간 좋아합니다. 지금 식탁 위에 핫도그와 알 수 없는 음식 한 가지가 있습니다. 지수는 핫도그와 알 수 없는 음식 중에서 한 가지를 먹어야 한다면 어떻게 해야 할까요? 단, 알 수 없는 음식은 햄버거나 피자를 제외한 다른 음식입니다.

1) 먼저, 지수의 의사 결정 상황을 그림으로 나타내어 보세요.

2) 여러분이 지수라면 어떤 대안을 선택하겠습니까? 그 이유는 무엇입니까?

※다음과 같은 두 종류의 킥보드가 있다고 합니다. 둘 중에서 어떤 킥보드를 사는 것이 유리한지 따져 봅시다.

〈킥보드 1〉
8만원에 살 수 있고, 바퀴가 단단한 재질로 만들어져 오래 사용할 수 있다.
색상과 모양이 세련되지 못하다.
손잡이를 비롯한 전체의 재질이 단단하고, 바퀴가 야광이다.

〈킥보드 2〉
15만원에 살 수 있고, 색상과 모양이 세련되었다.
운동용 가죽장갑을 무료로 주지만, 바퀴와 손잡이가 야광이 아니다.
바퀴의 재질이 부드러워서 탄력성이 아주 좋은 반면, 좀 약하다는 결점이 있다.

12 대다수의 사람들이 중요하다고 생각하는 항목을 순서대로 적어 봅시다. (6개의 항목으로 구분하세요.)

13 각 항목에 중요도 값을 매겨 봅시다. (6점~1점)

항목	중요도

14 항목의 중요도 값과 선호도 값을 곱하여, 선호도 값 옆에 괄호를 하고 적어 넣으세요. (높은 점수=2, 낮은 점수=1)

항목	중요도	킥보드 1	킥보드 2
선호도 합계			

15 선호도 합계를 살펴보고, 어떤 킥보드를 구입하는 것이 좋을지 생각해 봅시다.

※다음 글을 읽고 물음에 답해 봅시다.

추리소설의 검토

앞에 나왔던 이야기에서 경찰은 수첩에 기록했던 것들을 '적합한 정보'와 '부적합한 정보'로 분리하는 작업을 했다. 그 과정에서 경찰은 이영순과 관련된 것 중 몇 가지 의심스러운 행동들을 우연히 알아내게 되었다. 그것은 다음의 세 가지였다.

1. 강도 사건 직후에 이영순은 커다란 갈색 종이 쇼핑백을 들고 서둘러서 은행을 빠져나갔다.
2. 이영순은 녹색 승용차를 타고 사라졌다.
3. 잠시 후 이영순은 빨간 신호등을 무시하고 달리다가 경찰의 제지를 당했다. 그런데 자동차 앞좌석을 보니 지폐로 가득 찬 갈색 종이 쇼핑백이 있었다.

16 여기서 '적합한 정보'와 '부적합한 정보'란 어떤 정보를 가리키나요?

17 다음 중 적합한 정보를 구분해 내기 위해서 사용했던 세 가지 기준이 아닌 것은 무엇인가요? 두 가지를 고르세요.

① 강도가 누구인가와 관련된 정보
② 수사한 형사가 누구인가와 관련된 정보
③ 목격자들과 관련된 정보
④ 사건 당일 기후와 관련된 정보
⑤ 강도 사건이 어떻게 일어났는가와 관련된 정보

18 다음 숫자들 사이에 더하기(+) 기호와 빼기(−) 기호를 적당히 넣어 100이 되게 만들어 보세요.

> 5   5   5   5   5   5 = 100

19 다음 숫자들을 차례대로 사용하고, 그 사이에 적당히 더하기(+) 기호를 사용하여 오른쪽 합과 같이 되게 만들어 보세요.

> 1   2   3   4   5   6   7   8   9 = 117

20 다음 문제에서 각 영문자가 어떤 수를 나타내고 있는지 알아내어 오른쪽에 수식을 완성해 보세요.

>   P B C D
>   + A B C D
>   ─────────   →
>   A L A P P

해답 및 학습지도안

I. 간단한 의사 결정

1. 순간순간이 선택이고 결정이다

글을 쓰는 사람은 언제나 일정한 목적을 가지고 있다. 독자에게 정보를 준다거나, 재미와 흥미를 준다거나, 설득을 하고 교훈을 주는 등의 목적이 말이다. 여기에서는 광고문이 지닌 명시적인 내용과 암시적인 내용을 글쓴이의 목적에 비추어 분석해 보고, 몇몇 우화가 주는 교훈을 추리하도록 한다.

▶ "여기서는 하나의 방법으로 정리된 '의사 결정'을 배우기 위해서 이 책에서 많이 사용하고 있는 용어와 그 뜻을 먼저 소개하겠습니다. 그 다음으로, 선택의 결과가 확연하게 드러나는 아주 간단한 문제들을 놓고서 의사 결정을 하는 과정이 시작됩니다. 평소에는 그저 아무런 생각 없이 내리곤 했던 결정들이 아주 새로운 모습으로 여러분 앞에 나타날 것입니다."

▷ *주요 개념: 의사 결정, 대안, 선택, 결과
   *교사가 마련할 학습 준비물: 풍선 3개와 핀

첫 번째 생각여행 8~9쪽

▷ 어떤 문제를 해결하기 위해서 한 가지 방법을 결정하려고 할 때, 또는 어떤 행동을 실행에 옮기려고 할 때에 자기가 갖고 있는 여러 가지 선택 가능한 방법들(대안) 중에서 하나를 선택할 수밖에 없다는 점을 알게 될 것이다.

1-1

▶ "여기에 풍선 세 개와 핀이 있다고 합시다. 내가 여러분 중에서 누구라도 희망하는 사람에게 풍선 세 개를 마음대로 처리하라고 말했다고 합시다."

1) 한 개 터뜨리기, 두 개 터뜨리기, 세 개 터뜨리기

▶ "위에서 말한 것 이외의 선택은 무엇인가요? 즉, 위에서 말한 세 가지 선택 이외의 네 번째 선택은 없나요?"

2) 어느 풍선도 터뜨리지 않을 수 있다.

▶ "그렇습니다. 풍선 세 개를 주면서 마음대로 하라고 했기 때문에, 어느 풍선도 터뜨리지 않아도 되는 것입니다. 우리는 의사 결정을 말할 때 흔히 '대안'이라는 말을 사용합니다. 위에서 풍선을 마음대로 해 보는 네 가지 방법을 예로 든다면, 우리는 이때 네 가지 대안이 있다고 말할 수 있습니다. 어떤 문제를 풀기 위해서 한 가지 방법을 결정하려고 할 때 우리는 우리가 갖고 있는 '대안들'을 생각하게 됩니다."

▷ 이처럼 어떤 문제에서 '선택 가능한 방법들'을 '대안'(alternative)이라고 말한다. 다음부터는 이 용어를 주로 사용하겠다고 학생들에게 말해 준다.

1-2

▷ 문제에 나와 있는 그림들을 OHP 필름에 복사하여 보여주면서 가는 길을 손으로 따라가면 좋을 것이다.

▶ "의사 결정에 관한 다른 경우를 함께 생각해 볼까요? 다음 세 가지 그림은 어떤 상상의 장소에 관한 그림들입니다. 〈그림 1〉에서 〈가〉 지점에 서 있는 소년이 학교에서 집으로 돌아가는 길이라고 생각해 봅시다. 소년이 〈나〉 지점에 있는 집으로 가려고 한다면 몇 가지 선택 방법이 있을 수 있나요?"

1) 단 하나의 선택이 있다.

▷ 집으로 가지 않고 그냥 그 자리에 서 있는 대안이 있다고 주장하는 학생이 있을 수 있다. 이때는 제시된 문제 속에 '집으로 들어가는 길을 선택하는'이라는 내용이 있음을 일깨워 준다.

▶ "그렇습니다. 이 소년은 다른 대안이 없습니다. 한 가지 방법밖에 없기 때문입니다. 다음 그림 속의 소녀는 어떤가요?"

2) 두 가지이다.

▶ "이 소녀의 대안은 두 가지이고, 그것은 왼쪽으로 돌아가는 것과 오른쪽으로 돌아가는 것입니다. 다음 소년은 어떻습니까? 이 소년도 집으로 가는 길을 선택해야만 합니다."

3) 두 가지이다.

▶ "맞습니다. 그러나 〈그림 2〉의 소녀와 〈그림 3〉의 소년의 경우에는 차이가 있습니다. 어떤 차이인가요? (소녀가 가야 할 두 가지 길은 거리가 같지만, 소년의 경우에는 한 길은 거리가 멀고 다른 길은 거리가 짧습니다.) 그렇다면 소년이 이 두 가지 대안 가운데, 집에 빨리 가려면 어떤 것을 선택해야 하나요? (아래쪽의 짧은 길입니다.)"

▶ "그렇습니다. 우리가 어떤 대안을 선택하든지 별 차이가 없는 경우도 있지만, 지금처럼 한 대안이 다른 대안보다 더 나은 경우도 많습니다. 소년에게는 대안들 가운데 어느 것을 선택하느냐에 따라 아주 큰 차이가 있습니다."

두 번째 생각여행 10~11쪽

▷ 문제 해결에 별 도움이 되지 않는 대안을 가려낸다.

2-1

1) 세 가지
▶ "세 가지 모두 〈나〉에 있는 집에 도달할 수 있는 대안인가요? (아니요. 가운데 길은 집으로 갈 수 있는 길이 아닙니다.) 맞습니다. 이 소녀는 세 가지 대안을 갖고 있지만, 그 중에서 두 가지만 쓸모가 있습니다. 여러분은 '대안'이란 의사 결정자가 어떻게 하기로 결정할 수 있는 경우만을 가리킨다는 점을 기억해야 합니다. 대안 중에는 문제를 해결할 수 없는 것, 즉 쓸모 없는 것들도 얼마든지 있을 수 있지요."
▷ 이 문제와 관련하여 사태의 해결에 도움이 되지 않는 것도 '대안'이라고 할 수 있는가라는 질문이 있을 수 있다. 여기에서는 '대안'이란 단지 의사 결정자가 어떻게 하기로 결정할 수 있는 경우에 한정하여 사용하기로 한다. 하나의 대안이 반드시 어떤 문제를 해결할 수 있는 것은 아니라는 것이다.
2) ① 두 가지 ② 세 가지
▶ "이 그림이 앞의 그림들과 다른 점은 무엇인가요? (이 경우는 하나의 의사 결정을 한 뒤에도 또 한번 의사 결정을 해야 한다는 점입니다.)"

2-2

1) 여러 가지 대안들 가운데에서 하나를 선택하는 것을 의미한다.
2) 의사 결정은 무엇인가를 선택한다는 의미도 있지만, 아무 것도 선택하지 않는 것도 포함된다.
3) 의사 결정은 적어도 두 가지 이상의 대안이 있을 때 필요하다.
4) 어떤 문제는 단 한번의 의사 결정으로 문제가 해결되는 경우도 있지만, 여러 번의 의사 결정을 해야만 해결되는 경우도 많다.

생각연습 12~15쪽

3-1

▷ 의사 결정을 하고 이유를 말해 보게 한다. 이 과정을 통해서, 어떤 행동이 선택의 문제이고, 어떤 행동이 의무의 문제인지, 또는 어떤 경우에 선택이 불가능한지 알게 될 것이다.
▶ "지금까지 논의한 것들을 바탕으로 다음의 몇 가지 의사 결정 문제를 풀어 봅시다. 여러분은 자신이 답한 것에 대해서 누가 들어도 알 수 있을 만한 이유를 반드시 말할 수 있어야 합니다. 문제를 풀어 가면서 어떤 행동이 선택의 문제인지, 의무의 문제인지 혹은 선택이 불가능한 문제인지에 대해서 사람들마다 의견이 다를 수 있다는 점을 알게 될 것입니다."
1) ① ○ ② ○ ③ × ④ ×
   ⑤ ○ ⑥ ○ ⑦ × ⑧ ×
2) 키가 자라는 것/나이를 먹는 것/하늘에 별이 뜨는 것/토끼의 귀가 짧아지는 것
3) 백화점까지 걸어갈까 버스를 탈까/아침밥을 얼만큼 먹을까/친구들과 무엇을 하고 놀까/어떤 책을 읽을까

3-2

1) 의사 결정을 하였다. 돈을 주머니에 넣고 집으로 왔다.
2) 돈을 줍지 않고 그대로 둔다/지나가는 사람에게 돈의 주인인지 물어본다/부모님에게 갖다 드린다/가지고 가서 사고 싶은 것을 산다.

3-3

1) 두 가지
2) 한 가지
3) 두 가지
4) 세 가지, 한 가지

3-4

선택 가능한 대안	그 결과
미니카 사기	재미있게 놀 수 있다
누나의 생일 선물 사기	누나를 기쁘게 한다
게임 CD 사기	즐거운 게임을 한다
저축하기	중학교 갈 때 입학금으로 쓴다

Ⅰ. 간단한 의사 결정

2. 결과를 알 수 있는 의사 결정

결과를 알 수 있는 경우에 어떻게 의사 결정을 내리는가를 배우게 된다. 어느 한 쪽의 대안이 결과가 더 좋을 것이라고 예상되는 경우, 어떤 선택을 하든 똑같이 좋은 결과가 예상되는 경우, 어떤 선택을 하든 나쁜 결과가 예상되는 경우, 각각의 경우에 어떻게 의사 결정을 내리게 되는가?

▶ "오늘은 어떤 의사 결정이 쉽고, 어떤 의사 결정이 어려운지 그 차이점을 알아봅니다. 어떤 하나의 대안을 선택했을 때 나타날 결과가 더욱 더 의사 결정을 어렵게 하는 경우에 대해서도 알아봅니다."

첫 번째 생각여행 16~17쪽

▶ "왜 어떤 때는 쉽게 결정을 내릴 수 있고, 왜 어떤 때는 오래 생각한 후에야 결정을 내릴 수 있을까요? 우선 결정을 내리는 사람, 결정을 내림으로써 예상되는 결과, 그런 결과를 빚는 대안들을 그림으로 나타내어 보겠습니다."

1-1

▷ 무표정한 얼굴은 결정을 내리기 전의 상태. 웃는 얼굴은 좋은 결과. 우는 얼굴은 나쁜 결과.
  이렇게 하든 저렇게 하든 좋은 결과가 예상된다.

▶ "어떤 결정을 내려야 할 사람이 있습니다. 이 사람은 이렇게 할 수도 있고 저렇게 할 수도 있습니다. 이 사람이 어느 쪽을 선택하더라도 결과는 좋을 것으로 보입니다. 그래서 웃는 얼굴로 표시를 하였습니다."
"이 경우에 의사 결정이 쉬울까요, 아니면 어려울까요? (어렵습니다. 양쪽의 결과가 모두 좋으므로 한 쪽을 선택하고 다른 쪽을 버리기가 어렵기 때문입니다.)"

1-2

▷ 다양한 대답이 있을 수 있다. 똑같은 행동이라도 사람에 따라 좋은 결과로 볼 수도 있고, 나쁜 결과로 볼 수도 있다. (고소공포증이 있는 아이에게 바이킹 타기나 독수리요새 타기는 피하고 싶은 활동이 된다.)

	대안	좋은 결과
결정 1	비디오를 본다	재미있다
	동화책을 읽는다	재미있다/지식이 풍부해진다
결정 2	햄버거를 산다	맛있게 먹을 수 있다
	핫도그를 산다	맛있게 먹을 수 있다
결정 3	바이킹을 탄다	스릴을 느끼며 즐길 수 있다
	독수리요새를 탄다	스릴을 느끼며 즐길 수 있다

두 번째 생각여행 17~18쪽

▷ 여기에서는 어떤 대안을 선택하는가에 따라서 좋은 결과 또는 나쁜 결과가 예상되는지 살펴본다.

2-1

▶ "이 그림에서 선택할 수 있는 대안은 무엇입니까? ('이렇게 한다'와 '저렇게 한다'입니다.)"
▶ "이 그림이 앞의 그림과 다른 점은 무엇입니까? (예상되는 결과가 다릅니다. 어느 한 쪽 대안을 선택하면 좋은 결과가 나오고, 다른 쪽 대안을 선택하면 나쁜 결과가 나옵니다.)"

1) 어떤 대안을 선택하면 좋은 결과가 예상되고, 다른 대안을 선택하면 나쁜 결과가 예상되는 경우를 나타낸 것이다.

▶ "여러분이라면 어떤 대안을 선택하겠습니까? (좋은 결과가 예상되는 쪽입니다.)"
2)

	대안	좋은 결과/나쁜 결과
결정 1	적당히 먹는다	소화가 잘 된다
	많이 먹는다	배탈이 난다
결정 2	생일 파티에 간다	즐겁게 보낼 수 있다
	생일 파티에 가지 않는다	친구가 서운해한다
결정 3	PC방에 간다	컴퓨터 게임을 할 수 있다
	PC방에 가지 않는다	친구가 서운해한다

세 번째 생각여행 18~19쪽

3-1

1) 어떤 대안을 선택하든 나쁜 결과가 예상되는 경우이다.
▶ "이 사람은 어떤 결정을 내려도 좋은 결과가 나타날 것 같지 않습니다. 여러분도 이런 일을 겪어 본 적이 있나요?"

2)

	대안	좋은 결과/나쁜 결과
결정 1	텔레비전을 본다	엄마의 잔소리를 듣는다
	텔레비전을 안 본다	수학 숙제를 해야 한다
결정 2	그냥 컴퓨터 게임을 한다	엄마에게 혼난다
	컴퓨터 게임을 그만둔다	재미있는 게임을 할 수 없다
결정 3	친구와 축구를 한다	수학 공부를 못 한다
	수학 경시 공부를 한다	축구를 못 한다

네 번째 생각여행 20쪽

4-1

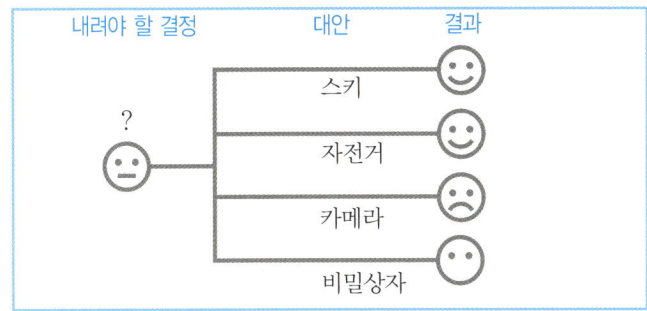

생각연습 21~23쪽

5-1

1)
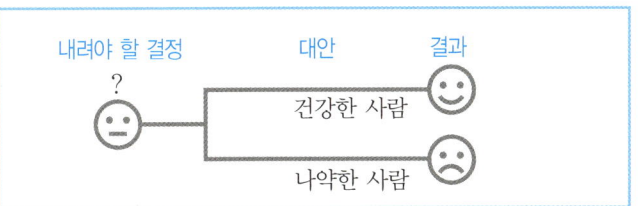

2)
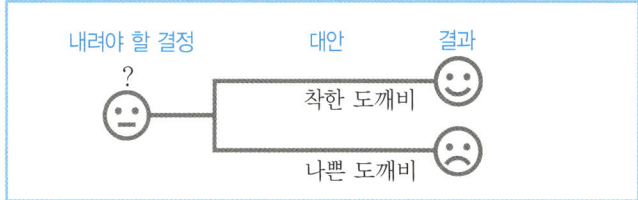

3)
▶ "자전거를 필요로 하는지, 아니면 미니 카세트를 필요로 하는지에 따라 다른 그림으로 나타낼 수 있을 것입니다. 다음은 자전거를 원할 경우의 그림입니다."

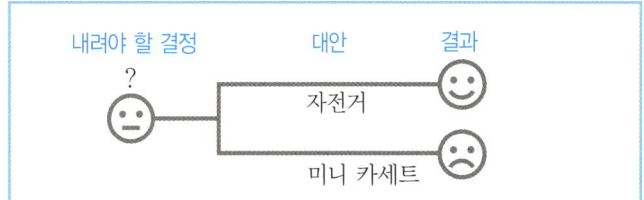

4)
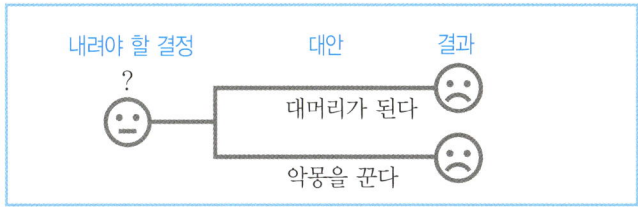

5-2

1)
▷ 어떤 대안을 선택하면 나쁜 결과가, 다른 대안을 선택하면 좋은 결과가 예상되는 예를 드는 문제이다.
   구민회관으로 영화를 보러 가는데, 엄마가 차를 태워다 주시면 웃는 얼굴, 걸어가라고 하시면 우는 얼굴

2)
▷ 어떤 것을 선택하든 나쁜 결과가 예상되는 경우이다.
   숙제를 하면 친구들과 공놀이를 하지 못하게 되고 숙제를 안 하면 선생님께 벌을 받는다.

Ⅰ. 간단한 의사 결정

3. 결과를 알 수 없는 의사 결정

의사 결정을 할 때 선택한 대안의 결과가 분명하지 않을 경우에 어떻게 최선을 선택할 수 있는지 공부한다.

▶ "이제까지는 선택의 결과를 알 수 있었기 때문에 의사를 결정하기가 쉬운 예를 가지고 공부를 했습니다. 그러나 오늘은 결과를 알 수 없거나 분명하지 않기 때문에 의사 결정하기가 쉽지 않은 예를 다루어 보게 됩니다. 대안을 선택한 결과가 분명하지 않은 경우에 어떻게 선택해야 최선의 선택이 될 수 있을지 생각해 보세요."

첫 번째 생각여행 24~25쪽

▷ 결과가 분명하지 않을 때 어떻게 의사 결정을 할 것인지 생각해 보게 한다.

▶ "본격적으로 생각여행을 떠나기 전에, 의사 결정에 관하여 공부한 것을 잘 기억하고 있는지 알아보겠습니다. 의사 결정에서 대안이란 무엇을 말하나요? (의사 결정자가 문제 해결을 위해서 사용할 수 있는 선택들 중에서 하나를 말합니다.)"
"하나의 대안을 선택했을 때, 어떤 종류의 결과가 생길 수 있나요? (만족스러운 결과, 만족스럽지 않은 결과, 결과를 알 수 없는 경우 등이 있습니다.)"
"그러면 지금까지 의사 결정에 관하여 배웠던 것들을 그림으로 정리하여 보겠습니다."

〈결정 1〉 대안들은 (만족스러운/좋은) 결과가 예상된다.

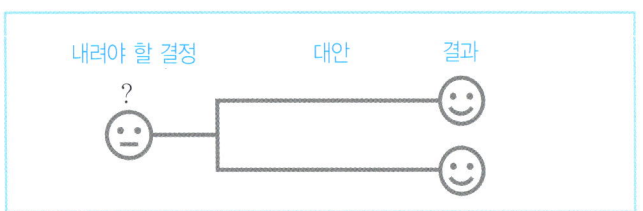

〈결정 2〉 대안들은 (만족스럽지 못한/나쁜) 결과가 예상된다.

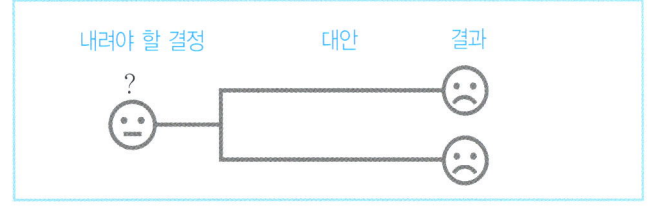

〈결정 3〉 대안들은 (만족스러운/만족스럽지 못한) 결과가 예상된다.

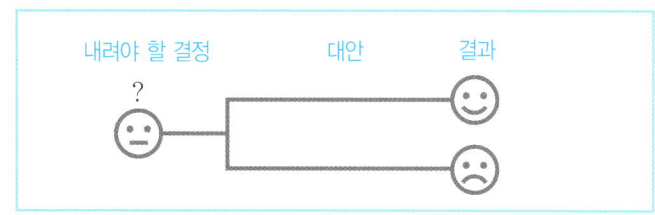

〈결정 4〉 대안들은 (알 수 없는) 결과들이 예상된다.

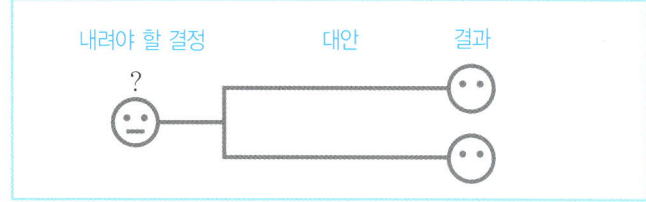

1-1

1) 얼굴 표정이 그려져 있지 않다. 따라서 이렇게 하든, 저렇게 하든 결과를 알 수 없다. 결정을 내리기가 어렵다.

2)
▷ 학생들이 예를 쉽게 제시하지 못할 것이다. 문제에 나온 표에서 보기로 주어진 것을 참고하라고 말한다. 그리고 학생들이 제시한 예가 정말 '결과를 알 수 없는 경우'에 해당되는지 검토해 본다.

결정해야 할 상황	대안	결과
아침에 날씨가 조금 흐리다	우산을 가져간다	알 수 없다
	우산을 가져가지 않는다	알 수 없다
오후에 친구들과 재미있게 놀기	축구를 한다	알 수 없다
	야구를 한다	알 수 없다
한 번도 먹어 보지 못한 음식 먹기	그 음식을 먹는다	알 수 없다
	그 음식을 먹지 않는다	알 수 없다

두 번째 생각여행 25~26쪽

▷ 좋은 결과도 나쁜 결과도 아닌 대안(즉, 중립적인 대안)이 포함된 의사 결정을 어떻게 할 것인지 배우게 된다.

▶ "우리는 지금까지 만족스러운 결과에는 웃는 얼굴을, 만족스럽지 못한 얼굴에는 찡그린 얼굴을, 결과가 어떻게 될지 알 수 없는 상황은 눈만 그린 얼굴로 표현했습니다."

2-1

1) 세 가지 대안과 결과가 있습니다.
2) 첫 번째 대안을 선택하겠습니다. 두 번째 대안의 결과는 만족스럽지 못한 것이고, 세 번째 대안은 결과를 알 수 없기 때문입니다.

2-2

▷ 먼저 학생들에게 이 그림이 앞의 그림과 다른 점은 무엇인지 물어본다. 이 그림에서는 만족스런 결과를 가져오는 대안이 없고, 만족스럽지 못한 결과만 있다.

1) 세 번째 대안을 선택한다.
2) 두 대안은 만족스럽지 못한 결과를 가져오지만, 세 번째 대안은 만족스럽지도, 불만족스럽지도 않은 것이기 때문이다.

▶ "그렇습니다. 세 번째 대안을 선택하면 만족스러운 결과가 나올 수도 있고, 만족스럽지 않은 결과가 나올 수도 있습니다. 하지만 첫 번째 대안과 두 번째 대안은 언제나 만족스럽지 못한 결과만 나오게 됩니다."

세 번째 생각여행 27~28쪽

3-1

▷ 앞에서 배운 의사 결정 방법을 실제로 적용해 본다.

1) 카레를 먹는다.

된장찌개를 먹는다.

생선회를 먹는다.

▶ "슬기는 카레와 된장찌개를 싫어한다고 했는데, 각각의 얼굴 표정은 어떻게 표시해야 할까요? (찡그린 얼굴입니다.) 생선회에는 어떤 표정의 얼굴을 그려 넣어야 하나요? (좋지도 않고 싫지도 않다고 했으니까 무표정한 얼굴을 그립니다.)"

2) 세 번째를 선택합니다. 첫 번째와 두 번째는 만족스럽지 못한 결과를 가져다주지만, 세 번째 결과는 만족스럽지도 않고, 불만족스럽지도 않기 때문입니다.

▶ "이처럼 우리는 때때로 선택한 대안들의 결과들 가운데 실제로는 어느 것도 좋아하지 않지만, 그 중에서 어느 하나를 선택할 수도 있습니다."

3)
▷ 학생에 따라 다른 대답이 있을 수 있다.
생선회를 선택한 학생:알 수 없는 음식이 싫어하는 음식일 수도 있기 때문입니다.
알 수 없는 음식을 선택한 학생:알 수 없는 음식이 좋아하는 음식일 수도 있기 때문입니다.

▶ "슬기는 냉장고를 열어 보지 않고는 그 안에 무엇이 들어 있는지 알 수 없겠지요? 그래서 선택하기가 어렵습니다. 슬기는 안전성을 택해야 할지 요행수를 택해야 할지 결정을 해야만 합니다. 만약 여러분이 생선회를 선택했다면, 안전성을 바란 것이고, 냉장고에 있는 알 수 없는 음식을 선택했다면 요행수를 바란 것입니다."

4) ①

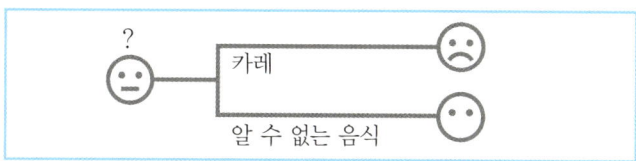

② 알 수 없는 음식을 선택합니다.
③ 좋아하는 음식이나 좋지도 싫지도 않은 음식일 가능성이 있기 때문입니다. 싫어하는 음식이 나오더라도 가장 싫어하는 카레보다는 나을 것이기 때문입니다.

▶ "그렇습니다. 슬기는 다른 어떤 것보다도 카레를 싫어한다고 했습니다. 그러므로 냉장고 속에 있는 어떤 음식도 카레보다는 나쁠 수 없습니다."

▶ "지금까지 우리는 대안들 가운데 한 가지는 어떤 결과가 생길지 알 수 있지만, 나머지 하나는 결과를 알 수 없는 경우의 선택 방법을 알아보았습니다. 결과를 모르는 대안을 선택하는 경우, 우리가 고려해야 할 가장 중요한 것은 무엇인가요? (결과를 알고 있는 것보다 더 만족스러운 결과 또는 그렇지 못한 결과가 나올 가능성이 얼마나 되는지 생각해 보아야 합니다. 그리고 이미 결과를 알 수 있는 것이 결과를 알 수 없는 것에 비해 더 좋은 점이 무엇인지 생각해 보아야 합니다.)"

생각연습 29~32쪽

4-1

1)

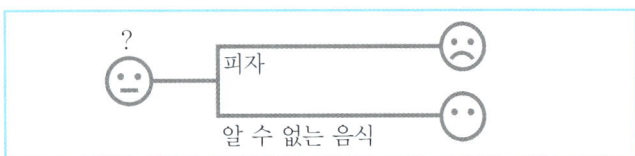

2) 피자를 선택하겠습니다.

3) 알 수 없는 음식이 좋아하는 음식일 가능성도 있지만, 피자보다 싫어하는 음식일 가능성도 있기 때문입니다. 피자도 약간 좋아하기 때문입니다.

4-2

1)

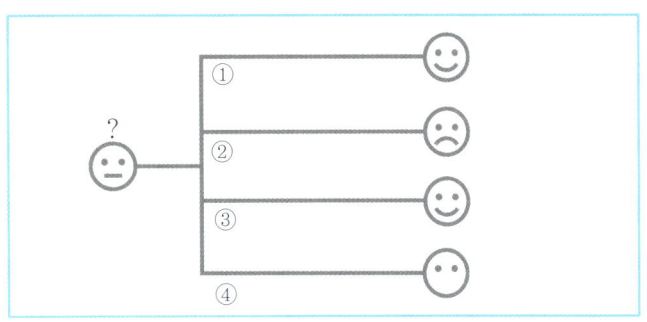

2) ①번과 ③번에 시추하도록 권할 것이다. 안전한 선택이기 때문이다. 만일 요행수를 바란다면 ③번 장소 대신에 ④번 장소에 시추를 할 수도 있을 것이다.

4-3

1)

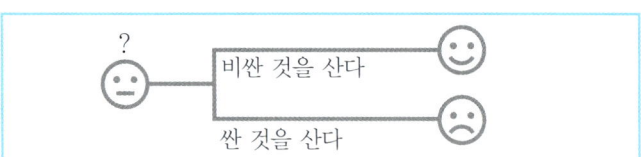

2)
▷학생에 따라서 다른 반응이 있을 수 있다. 여기서는 비싸도 오래 쓸 수 있는 글러브가 더 낫다고 생각하는 입장으로 그림을 완성하였다.

4-4

1) 두 번째를 선택한다. 가장 만족스런 결과이기 때문이다.

2) 첫 번째를 선택한다. 두 번째와 세 번째는 결과를 알 수 없으나, 첫 번째는 매우 만족스런 결과이기 때문이다.

3) 첫 번째를 선택한다. 나머지는 불만족스런 결과를 가져다주지만, 첫 번째는 중립적인 결과를 가져다주기 때문이다.

II. 복잡한 의사 결정

4. 좋아하는 순서대로 결정하기

여러 가지 복합적인 결과가 예상되는 대안들 가운데에서 가장 나은 대안을 선택하기 위해서 어떤 단계들을 거쳐야 하는지 생각해 보도록 구성되었다.

▶"우리가 의사 결정을 할 때 가장 어려운 점 가운데 하나는 각각의 대안들을 선택했을 때 어떤 것이 가장 좋은 결과를 가져올 것인지 알아내는 것입니다. 어느 것이 가장 좋은 대안인지 정하기가 어려운 이유는 대안들이 한편으로는 좋은 결과가 예상되면서 동시에 나쁜 결과도 예상되기 때문입니다."

"예를 들어서, 새로 살게 될 집을 마련하려고 하는 경우를 생각해 봅시다. 가장 좋은 조건을 가진 집이 되려면 다음과 같은 조건이 만족되어야 합니다."

① 직장과 가까워야 한다.

② 집의 크기와 방의 숫자가 적당해야 한다.

③ 도심에 가깝고 교통이 좋아야 한다.

④ 값이 적당해야 한다.

"그런데 어떤 집을 고를 때 한두 가지는 마음에 들지만 다른 것들은 마음에 들지 않는 경우가 대부분입니다. 이런 경우에는 개별적인 항목들을 정해서 체계적으로 조사하고 주의 깊게 관찰하여 선택하면 대체적으로 합리적인 의사 결정을 할 수 있게 됩니다."

▶ "이번 시간부터는 이렇게 하나의 대안을 선택했을 때 여러 가지 결과가 예상되는 문제들을 놓고 어떻게 하면 더 잘 풀어 나갈 것인가에 대해서 생각해 보도록 하겠습니다."

첫 번째 생각여행 34~35쪽

▶ "여러분은 라디오나 자전거 같은 것을 사려고 시장에 갔는데, 많은 종류의 물건들 중에서 어떤 것을 골라야 할지 몰라서 망설여졌을 때가 많았을 것입니다. 그 이유는 어떤 물건은 이런 점이 마음에 들고 어떤 물건은 저런 점이 마음에 들어 쉽게 결정을 내리기가 어려웠기 때문입니다. 여기서 함께 논의하려고 하는 것은 바로 이렇게 어떤 것을 사야 할지 망설여질 때, 어떻게 하면 더 합리적으로 물건을 선택할 수 있는가 하는 문제입니다. 다음에 나오는 내용은 세 종류의 카세트에 대한 상품 광고입니다. 어떤 카세트를 선택하는 것이 가장 합리적인 선택일지 생각해 봅시다."

1-1

▶ "어떤 라디오는 이러한 이유 때문에 좋은가 하면 다른 라디오는 또 다른 이유 때문에 좋은 점이 있습니다. 어떻게 하면 좋은 점이 많은 라디오를 결정할 수 있을까요?"
"우리는 먼저 선택하려고 하는 대상의 각 항목들을 살펴보아야 합니다. 그 항목들 가운데에는 유익한 특성을 갖고 있는 것도 있고, 그렇지 않은 것도 있습니다."

1) 6가지. 방송 수신 기능, 재생/녹음 기능, 자동 반복 기능, 충전 기능, 모양, 가격

2)

▶ "여기서 여러분은 여러 사람에게 물어보아서 항목별로 점수를 정할 수도 있고, 혼자서 점수를 정할 수도 있습니다."
▷ 학생들이 자신의 선호도에 따라서 각각 점수를 다르게 부여할 수 있을 것이다. 다음은 그 예이다.

항목	A 카세트	B 카세트	C 카세트
1. 방송 수신 기능	1	2	2
2. 재생/녹음 기능	1	2	2
3. 자동 반복 기능	1	2	2
4. 충전 기능	1	1	2
5. 모양	2	2	1
6. 가격	3	2	1
선호도 합계	9	11	10

▶ "여러분이 완성한 선호도 점검표에서 각각의 카세트의 점수 합계를 비교해 보세요. 합계를 서로 비교하면 무엇을 알 수 있게 될까요? (어느 카세트를 사는 것이 가장 합리적인가를 알려줍니다.)"

3) B 카세트
4) 꼭 그렇지는 않습니다. 그러나 가장 안전하고 최선인 선택 방법입니다.
5) 다른 항목보다 낮은 점수를 받아도, 내가 특별히 좋아하는 항목에서 점수가 높은 것일 수 있기 때문입니다.

▶ "만약 어느 두 가지 물건에 대한 선호도 합계 점수가 같다면, 이것은 무엇을 의미하나요? (두 물건 중에서 어느 것을 선택하든 다른 한 쪽보다 나쁘지 않다는 뜻입니다.)"
▷ 〈최선의 대안을 선택하는 방법〉
① 선호도를 비교할 항목들을 분류한다.
② 선호도에 따라서 항목들의 순서를 정한다.
③ 여러 항목들의 선호도 점수를 합한다.
④ 합한 점수가 가장 높은 것을 선택한다.

두 번째 생각여행 36~37쪽

2-1

1) 기간, 비용, 놀이 시설

2)
▶ "각 여행지별로 네 가지 항목들의 선호도 순서를 정하고 선호도가 가장 높은 것부터 3점, 2점, 1점씩 적어 넣으세요."

항목	설악산	제주도	금강산
1. 기간	2	3	1
2. 비용	3	2	1
3. 놀이 시설	1	2	1
선호도 합계	6	7	3

▷ 위의 선호도 점수를 매기는 것은 개인별로 해도 좋고, 여러 사람이 함께 서로 토론해서 정해 보는 것도 좋을 것이다.

3) 제주도입니다.
4) 선호도 합계가 가장 높다. 기간이 길고, 비용이 적당하고, 놀이 시설이 있기 때문이다.

생각연습 37~39쪽

3-1

1)

항목	자전거 1	자전거 2	자전거 3
1. 용도	2	1	3
2. 색깔	3	2	1
3. 기어의 수	3	1	2
4. 가격	1	3	2
선호도 합계	9	7	8

▶ "위의 선호도 점검표는 기어의 수가 많은 것과 하얀 바탕에 빨간 줄무늬를 다른 것보다 좋아하는 사람을 기준으로 작성된 것입니다. 사람에 따라 선호도 합계는 얼마든지 다르게 나올 수 있습니다."

2) 자전거 1입니다. 경주용이고 기어의 수가 많기 때문입니다.

3-2

1)

항목	동물 A	동물 B	동물 C
1. 어미의 크기			
2. 좋아하는 음식			
3. 수명			
4. 성격			
선호도 합계			

2)

▷ 어미가 되었을 때 크기가 큰 동물을 좋아하는지(또는 싫어하는지), 오래 사는 동물을 좋아하는지(또는 싫어하는지) 등에 따라서 선호도 점수가 다를 수 있다.

Ⅱ. 복잡한 의사 결정

5. 중요도 순서대로 결정하기

앞에서 학습한 선호도 점검표에 '중요도 평가'를 첨가함으로써, 더 복잡한 상황에서도 최선의 의사 결정을 할 수 있도록 한다.

▶ "이번 시간에는 지난 시간에 배운 것들을 적용하는 시간을 갖겠습니다. 여기에는 우리들이 결정을 내리기가 쉽지 않은 사례들이 제시되어 있습니다. 왜냐하면 선호도 점검표를 작성하여 '중요도'와 '중요도 평가'라는 새로운 내용을 배워야 하기 때문입니다."

"중요도와 중요도 평가는 여러분들이 좋아하는 것에 따라서 순위를 매기고 그것들을 수치로 나타내는(수량화) 작업을 통하여 이루어집니다."

첫 번째 생각여행 40~41쪽

▷ 앞에서 공부한 바와 같이 중요도를 고려하지 않고 선호도 점검표를 만들어 보고, 어떤 문제점이 발생하는지 알아본다.

1-1

▶ "여러분들 중에는 〈시계 1〉을 사는 것이 더 좋겠다고 생각하는 사람도 있고, 〈시계 2〉를 사는 것이 더 좋겠다고 생각하는 사람도 있을 것입니다. 지난 시간에 사용했던 절차를 사용하여 어느 시계가 더 좋은지 알아볼까요? 이 문제에서는 여러 항목이 뒤섞여 있습니다. 우리가 우선적으로 해야 할 일은 무엇인가요? (시계를 항목별로 비교할 수 있는 선호도 점검표를 만드는 일입니다.)"

1)

항목	시계 1	시계 2
1. 가격	2	1
2. 시계줄	1	2
3. 정확성	2	1
4. 포장	1	2
5. 기능	1	2
선호도 합계	7	8

2) 시계 2

3) 아니다.

4) 시계를 사는 가장 중요한 목적은 정확한 시간을 알기 위한 것이다. '시계 2'는 정확하지 않은데도 선호도 합계가 더 높게 나타났다. 시계줄, 포장 등은 그다지 중요한 항목이 아니다. '중요한

정도'가 전혀 고려되지 않았다.

▶ "그렇습니다. 그런 점이 이 표의 문제점입니다. 이 표는 각 항목의 중요도를 모두 같은 것으로 보고 작성했기 때문에 이런 문제점이 발생했습니다. 앞으로는 모든 항목을 다 사용할 것이 아니라 가장 중요한 것을 가려서 사용해야겠습니다."

두 번째 생각여행 42쪽

▷ 항목별 중요도를 어떻게 고려하여 선호도 점검표에 반영할 것인지 생각해 보게 한다.

▶ "이제 우리는 중요도에 따라서 각 항목을 다시 배열하여 새로운 선호도 점검표를 만들어야 합니다. 가격과 정확성 중에서 어느 것을 첫 번째로 놓아야 할까요? 대부분의 사람들이 시계를 사는 목적은 정확한 시간을 알기 위한 것이므로 일단 '정확성'을 첫 번째에 놓도록 하겠습니다."

▷ 어떤 항목을 가장 중요한 것이라고 보아야 하는가에 대해서는 다소 논란이 있을 수 있다. 사람들마다 다른 생각을 가질 수도 있기 때문이다. 학생들과 함께 토론을 해 보고 중요도 순위를 결정해도 좋을 것이다. 다음은 그 예이다.

2-1

1)
▶ "앞에서 선호도를 나타내기 위해서 선호도 값(1 또는 2)을 적어 넣은 것처럼 이번에는 각 항목의 중요도를 나타내는 중요도 값을 써넣어 보도록 하겠습니다."

"이 표에는 모두 몇 개의 항목이 있지요? (5개입니다.) 그러면 가장 중요한 항목인 첫 번째 칸에 5를 적어 넣고, 순서대로 4, 3, 2, 1이라는 숫자를 넣어 보세요."

2)

항목	중요도	시계 1	시계 2
1. 정확성	5	2(10)	1(5)
2. 가격	4	2(8)	1(4)
3. 기능	3	1(3)	2(6)
4. 시계줄	2	1(2)	2(4)
5. 포장	1	1(1)	2(2)
선호도 합계		7(24)	8(21)

3) '시계 1'을 구입하는 것이 유리하다.

▶ "이제 우리는 중요도 평가를 통해서 사야 할 시계가 무엇인지 알게 되었습니다. 여러분이 시계와 관련하여 정확성과 가격을 가장 중요하게 생각하는 한 〈시계 2〉보다 〈시계 1〉를 구입하는 게 더 낫다는 것이 밝혀졌습니다."

생각연습 43~45쪽

3-1

항목	중요도	놀이방	건축공사장
1. 보수	5	1(5)	2(10)
2. 하는 일	4	2(8)	1(4)
3. 시간	3	1(3)	2(6)
4. 장소	2	2(4)	1(2)
5. 기타	1	2(2)	1(1)
선호도 합계		8(22)	7(23)

▷ 어떤 항목을 더 중요하게 생각하는가는 사람마다 다를 수 있고, 선호도 합계도 다르게 나올 수 있다. 각자 중요도 순서를 정해 보게 하고, 선호도 합계도 내 보게 한다. 서로 어떤 결정을 내리게 되었는지 비교해 보게 한다.

'보수'를 가장 중요하다고 보았을 경우, 건축공사장에서 일하는 것이 최선의 의사 결정임을 알 수 있다.

▶ "각 항목의 중요도를 생각해 보지 않았다면 우리가 내린 선택의 결과는 상당히 달랐을 것입니다. 괄호 안의 숫자를 무시하고 각 항목의 선호도 값만을 합하여 비교해 보면 지금 나온 결과와 다른 결과가 나올 것입니다. 앞에서 해 보았던 〈시계 고르기〉의 경우와 마찬가지로 여기에서도 각 항목의 중요도를 평가하는 일이 중요하다는 점이 밝혀졌습니다."

3-2

항목	중요도	사진반	공작반	합창반
1. 비용	4	1(4)	2(8)	3(12)
2. 회원	3	3(9)	2(6)	1(3)
3. 부모님 의견	2	2(4)	1(2)	3(6)
4. 활동 장소	1	3(3)	1(1)	2(2)
선호도 합계		9(20)	6(17)	9(23)

▶ "선호도 점검표가 다 완성되었나요? 예시된 표에서는 '비용'의 항목을 가장 중요하게 생각하였습니다. 중요도 값을 고려한 합계를 비교하면 어떤 특활반에 들어가는 것이 좋은가요? (합창반입니다.)"

3-3

항목	중요도	컴퓨터 1	컴퓨터 2
1. 속도/용량	4	2(8)	1(4)
2. 비용	3	1(3)	2(6)
3. 애프터서비스	2	2(4)	1(2)
4. 모양/색깔	1	1(1)	2(2)
선호도 합계		6(16)	6(14)

▶ "선호도 점검표를 다 완성하였나요? 중요도 값을 고려한 합계를 비교하면 어떤 컴퓨터를 구입하는 것이 더 유리한가요? (컴퓨터 1입니다.)"

▶ "선호도 점검표를 만드는 일은 우리가 어떤 일을 결정할 때 매우 도움이 되는 방법입니다. 앞으로 여러분들은 결정해야 할 대안의 각 항목들을 각자의 필요에 따라서 중요도를 평가하고, 어떤 대안을 선택할 것인지 결정해야 할 것입니다."

Ⅲ. 정보 수집하기

6. 정보의 중요성

여기서는 의사 결정에서 '정보의 수집'이 얼마나 중요한가를 배우게 된다. 정보가 부족하면, 선택의 결과가 어떻게 나올지 예상할 수 없으나, 정보를 더 많이 수집하면 할수록 선택의 결과를 알 수 있는 가능성은 높아지게 된다.

▶ "우리는 흔히 의사 결정을 할 때 어떤 대안을 선택하면 그에 따라 어떤 결과가 나올 것인지를 미리 예상할 수 있습니다. 그러나 정보가 부족하면 선택에 따라 어떤 결과가 나올 것인지 예상할 수 없기 때문에 최선의 선택을 하기 어렵습니다. 오늘은 이런 경우에 어떻게 하면 합리적인 선택을 할 수 있을 것인지에 대해서 공부하겠습니다."

첫 번째 생각여행 48~56쪽

▷ 여기서는 정보가 부족하거나 불확실하기 때문에 결과를 예상하기가 어려운 경우, 어떻게 결정을 내려야 하는지를 알아보게 된다.

1-1

1)

▶ "〈그림 A〉는 어떤 대안을 선택한 결과가 어떻게 될지 모를 때의 상황을 그린 것입니다. 이 그림은 결과를 모를 때 어떤 대안을 선택하기가 어렵다는 것을 보여줍니다. 대안을 선택하기 어려운 이유는 무엇인가요?"

① 결과를 전혀 알 수 없기 때문에, 대안을 선택하기 어렵다.

▶ "〈그림 B〉는 대안 선택이 쉬운가요? (어렵습니다.) 왜 대안 선택이 어렵게 되었나요?"

② 만족스러운 결과가 나올 수도 있고 만족스럽지 못한 결과가 나올 수도 있기 때문에 '이렇게 한다'와 '저렇게 한다' 중에서 어느 것을 선택할지 결정하기 어렵다.

2) 그림 B입니다. 그림 B의 경우에는 각각의 대안들에 대해서 일어날 수 있는 결과들을 보여주지만, 그림 A의 경우에서는 결과를 전혀 알 수 없다는 것만 보여주기 때문입니다.

1-2

1)

▶ "〈그림 C〉는 어떤 경우를 나타낸 것인가요? (이런 상황에서는 결과를 예상하기가 어렵습니다. 이렇게 하건 저렇게 하건 그 결과와 가능성이 전혀 알려지지 않았기 때문입니다.)"

"〈그림 D〉는 〈그림 C〉의 경우와 어떻게 다른가요? (〈그림 C〉에서는 '알려지지 않음'이라고 되어 있던 것이 '가능성 있음/가능성 적음'으로 바뀌었습니다.)"

"이제 어떤 대안을 선택할 수 있겠습니까? ('저렇게 한다' 쪽을 선택하고, 다시 '가능성 있음'을 선택하면 좋은 결과를 얻을 수 있습니다.)"

▶ "이제까지 우리는 어떤 대안을 선택한 결과가 어떻게 될 것인가에 대해서 '가능성 있음', '가능성 적음', '알려지지 않음'이라는 세 가지 경우가 있음을 알 수 있었습니다."

▶ "〈그림 E〉에서는 '가능성 있음/가능성 적음'이 '확실함/불가능함'으로 바뀌었습니다. 여러분이라면 이런 상황에서 어떤 대안을 선택하겠습니까? ('이렇게 한다'를 선택하고,

'확실함'을 선택하면 좋은 결과를 얻게 됩니다.)"
▶ "잘했습니다. 지금까지 알아본 것을 정리해 볼까요?"
그림 C: 가능성이 알려지지 않았기 때문에, 어떤 대안을 선택해야 할지 결정하기가 어렵다.
그림 D: '저렇게 한다' 중에서, '가능성 있음'에 좋은 결과가 예상되기 때문에, 이 대안을 선택한다.
그림 E: '이렇게 한다' 중에서, 만족스러운 결과가 '확실함'이므로, 이 대안을 선택한다.

2) 그림 E이다. 만족스러운 결과가 확실하기 때문이다.
▷ 다음 중에서 어떤 대안을 선택해야 가장 만족스러운 결과를 얻을 수 있는지 생각해 보게 한다.
· 확실함
· 가능성 있음
· 알려지지 않음
· 가능성 적음
· 불가능함

▶ "지금까지 우리는 어떤 결과가 나올 가능성과 관련해서 다섯 가지 용어를 사용했습니다. 그 중에서 어떤 것이 가장 많은 가능성을 의미할까요? ('확실함'입니다.)"

1-3

1) 그림 F의 경우, '이렇게 한다'를 선택하면 만족스러운 결과가 확실하고, '저렇게 한다'를 선택하면 만족스러운 결과와 만족스럽지 못한 결과가 나올 가능성이 조금 있다.
그림 G의 경우, '이렇게 한다'를 선택하면 만족스럽지 못한 결과가 나올 가능성이 확실하고, '저렇게 한다'를 선택하면 만족스러운 결과와 만족스럽지 못한 결과가 나올 가능성이 모두 있다.

2) '이렇게 한다'의 경우 만족스런 결과가 '확실함'이므로, 이 대안을 선택하는 것이 가장 유리하다.

▶ "한 가지 대안에서 만족스러운 결과와 만족스럽지 못한 결과가 나올 가능성을 모두 검토하는 것은 중요합니다. 만족스럽지 못한 결과들을 보세요. 어느 쪽의 대안을 선택할 때 만족스럽지 못한 결과가 나올 가능성이 적어질까요? ('이렇게 한다'입니다.) 맞습니다. '저렇게 한다'의 경우에는 만족스럽지 못한 결과가 나올 가능성은 적지만 있을 수 있기 때문이지요."

3) '이렇게 한다'를 선택하면 만족스런 결과가 전혀 '불가능함'인 반면, '저렇게 한다'를 선택하면 만족스런 결과가 '가능성 있음'이므로, '저렇게 한다'를 선택한다.

▶ "만족스럽지 못한 결과에 대해서는 어떤가요? ('이렇게 한다'를 선택하면 만족스럽지 못한 결과가 확실하게 나오지만 '저렇게 한다'에서는 단지 가능성만 있을 뿐입니다.)"

1-4

▶ "〈그림 H〉가 앞의 그림과 다른 점은, 세 번째 선택 가지인 '어떤 다른 것을 한다'가 추가되었다는 것입니다. 그것을 선택했을 경우 어떤 결과가 나오겠습니까? (알려지지 않은 결과가 나옵니다.)"

"결과가 알려지지 않은 경우에는 어떻게 해야 하나요? (만족스러운 결과와 만족스럽지 못한 결과를 나오게 하는 것들이 어느 것인지 찾아내기 위해서 도움이 되는 정보를 수집해야 합니다.)"

▶ "〈그림 I〉에서는 '알려지지 않음'을 '가능성 있음/가능성 적음'으로 바꾸었습니다. 이제 어떤 대안을 선택하여야 할까요? ('어떤 다른 것을 한다'입니다. 만족스러운 결과는 이 대안에서만 가능하고, 다른 곳에서는 가능성이 없기 때문입니다.)"

▶ "〈그림 J〉에서는 '가능성 있음/가능성 적음'이 '확실함/불가능함'으로 바뀌었습니다. 자, 이제 어떤 대안을 선택하는 것이 좋을까요? (의심의 여지 없이 '어떤 다른 것을 한다'입니다. 만족스러운 결과가 나올 것이 확실하기 때문입니다.)"

1) 답 생략
2) 첫째, 둘째 선택 모두 만족스러운 결과가 나올 가능성이 없거나 적고, 셋째 선택은 결과를 알 수 없기 때문에 선택이 어렵다. 셋째 선택의 경우, 보다 확실한 정보 수집이 필요하다.
3) 셋째 선택의 경우에 만족스런 결과가 '가능성 있음'이므로 이 대안을 선택한다.
4) 다른 선택의 경우에는 만족스런 결과가 예상되지 않으나, 셋째 선택의 경우 만족스런 결과가 '확실함'이므로 이 대안을 선택한다.
5) 그림 J의 셋째 선택이 만족스런 결과가 '확실함'이기 때문에 그림 J의 세 번째 대안을 택한다.

생각연습 57~63쪽

▶ "범죄 사건을 해결하려고 하는 경찰관들에 대한 이야기를

시작하려고 합니다. 문제에 나온 이야기를 읽어 가면서 경찰관들의 의사 결정 과정이 어떻게 이루어지고 있는지 생각해 보세요. 그리고 그 의사 결정 과정을 앞에서 배운 방식대로 그림으로 그려서 나타내어 보세요."

2-1

▶"이 내용을 천천히 읽으면서 경찰관들이 처해 있는 상황을 상상해 보세요. 이 경우에 경찰이 결정해야 할 문제를 그림으로 그려보면 다음과 같습니다."

1)

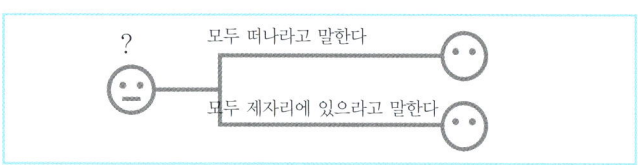

▶"위 그림을 보면 어떤 대안을 선택한 결과가 어떻게 되지 그 가능성에 대해서 어떤 말도 할 수 없을 것입니다. 이때 경찰들은 무엇을 해야 할까요? (강도 사건을 해결하기 위해 정보를 더 수집해야 합니다.)"

2)

▶"이제 경찰은 그들의 문제를 분석해 나가기 시작했군요. 경찰이 몇몇 사람들과 말해 봄으로써 알게 된 것은 무엇이었나요? (은행 안에는 강도 사건을 목격했던 사람이 적어도 한 명 이상은 아직 남아 있다는 점입니다.) 그러면 처음 그림을 새롭게 바꾸어 보도록 합시다. 여러분 각자 앞의 그림을 어떻게 바꾸는 것이 좋을지 생각하고 아래에 그려 넣으세요."

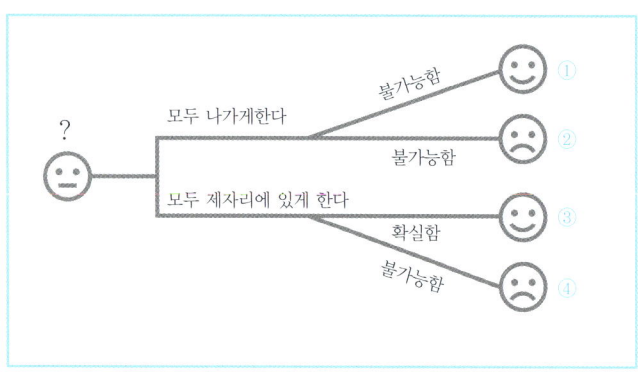

① 강도를 본 사람이 은행 안에는 아무도 없다. 즉시 실마리를 찾기 위해 은행을 점검한다.
② 누군가 강도가 떠나는 것을 보았다. 목격자와 정보를 확보하지 못한다.
③ 은행에 강도를 본 누군가가 있다. 정보를 얻는다.
④ 강도를 본 사람이 은행 안에는 아무도 없다. 시간을 낭비한다.

▶"이 그림에서 각각의 대안에는 각기 두 가지씩 가능한 결과들이 나올 수 있습니다. 그 두 결과들 중에서 하나의 가능성이 변하면 나머지도 변해야 합니다."

3)

"경찰은 훌륭한 의사 결정자들이 하는 것처럼 그들이 갖고 있는 문제들을 분석했습니다. 김 형사는 민동일을 체포하고 싶어하는 게 분명합니다."

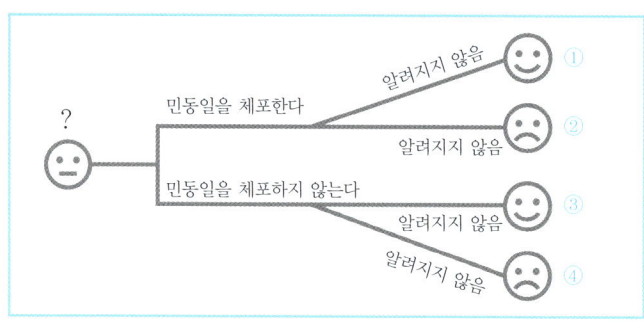

① 민동일이 유죄인 경우 승진을 한다.
② 민동일이 무죄인 경우 곤란한 처지에 놓이게 된다.
③ 민동일이 무죄인 경우 일자리는 지킬 수 있다.
④ 민동일이 유죄인 경우 파면된다.

4)

▶"이제 민동일이 강도일 가능성은 더 많아졌나요, 더 적어졌나요? (가능성이 더 많아졌습니다.)"

"그러면 민동일을 체포한다는 대안에서 첫 번째 가지에 있는 '알려지지 않음'을 '가능성 있음'이라고 고치고, 민동일을 체포하지 않는다는 대안에서 두 번째 가지에 있는 '알려지지 않음'을 지우고 '가능성 있음'이라고 써 넣어야겠군요."

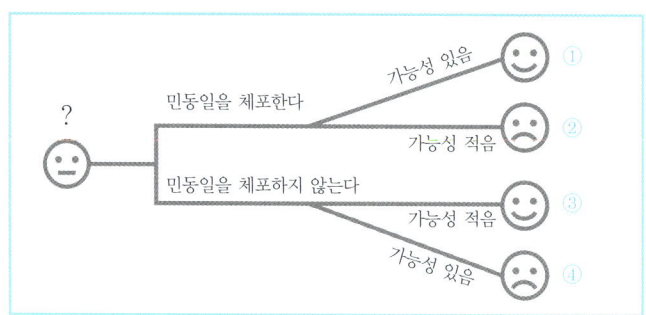

① 민동일이 유죄인 경우 승진을 한다.
② 민동일이 무죄인 경우 곤란한 처지에 놓이게 된다.
③ 민동일이 무죄인 경우 일자리는 지킬 수 있다.
④ 민동일이 유죄인 경우 파면된다.

5)
▶ "박 형사는 주인집 아주머니에게서 무엇을 알아냈습니까? (민동일은 곱슬머리에다 다리를 전다는 사실입니다.)"
"그 외에 박 형사가 민동일에 대해서 알아낸 사실은 무엇인가요? (키가 170센티미터이고 눈썹 위에 칼자국이 있다는 것입니다.)"
"그러면 경찰은 이제 민동일을 강도라고 생각하겠군요? (그렇습니다.)"
"경찰이 생각하고 있는 것을 그림으로 나타내어 보세요."

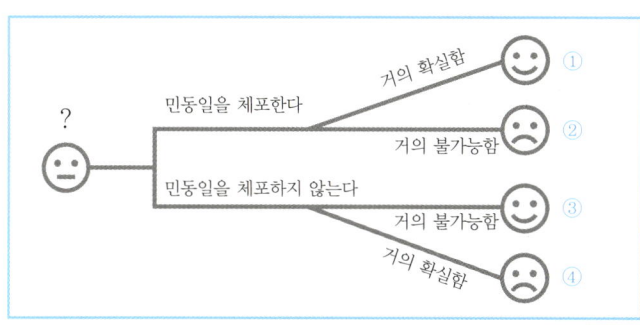

① 민동일이 유죄인 경우 승진을 한다.
② 민동일이 무죄인 경우 곤란한 처지에 놓이게 된다.
③ 민동일이 무죄인 경우 일자리는 지킬 수 있다.
④ 민동일이 유죄인 경우 파면된다.

6) 민동일은 병원에서 수술을 받고 있었으므로 범인이 아니다. 경찰은 부족한 정보만으로 민동일을 범인으로 지목했다.

▶ "위와 같은 결과가 나오게 된 것은 경찰이 부족한 정보만으로 결론을 내렸기 때문입니다. 경찰은 더 많은 새로운 정보를 수집해야 할 것입니다. 이에 관해서는 다음 시간에 살펴보도록 하겠습니다."

Ⅲ. 정보 수집하기

7. 적합한 정보를 구별해 내기

앞에서 다루었던 추리소설의 내용을 계속해서 다루면서, 경찰이 수사 과정에서 수집했던 정보들 가운데 어느 것이 문제 해결에 적합한 정보이고, 어느 것이 부적합한 정보인지 구분하는 방법과 기준에 관해서 공부하게 된다.

▶ "정보를 분석할 때 가장 중요한 것은 그 정보가 주어진 문제 해결에 적합한가를 판단하는 일입니다. 여기서는 적합한 정보와 부적합한 정보가 어떤 것인지를 배우고, 정보를 이렇게 두 가지 종류로 나눌 수 있는 기준을 찾아보겠습니다."

첫 번째 생각연습 64~70쪽

▶ "지난 시간에 이어 은행 강도를 추적하는 경찰관 이야기를 계속해서 읽어 볼까요?"

1-1
적합한 정보: 주어진 문제를 해결하는 데 도움이 되는 정보.
부적합한 정보: 문제 해결과 관련이 없고, 도움이 되지 않는 정보.

▶ "여러분이 의사 결정에 도움을 줄 정보들을 수집했다고 합시다. 이 경우에 수집한 정보들은 다 적합한 것인가요? (적합한 것도 있을 것이고, 부적합 것도 있을 것입니다.) 적합한 정보인지 아닌지는 어떻게 판단을 하지요? (지금 당장은 판단하기가 어렵습니다. 수집한 정보들을 세밀하게 검토하고 판단해야 할 것입니다.)"

"그렇습니다. 지금 경찰관들이 직면한 문제는 바로 이것과 관련된 것입니다."

1-2

▶ "수첩의 왼쪽에 있는 것은 김 형사가 수집해 놓은 정보들이고, 오른쪽에 있는 것은 수집한 정보들의 출처입니다. 정보의 출처 중에서 '관찰'이라고 되어 있는 것은 김 형사 자신이 직접 눈으로 보고서 얻은 정보입니다."

1)
▷ 6과에서 제시되었던 내용과 위의 내용만을 가지고 볼 때, 적합한 정보와 부적합한 정보를 아이들 나름대로 판단하여

분류해 보게 한다. 현재의 상태에서는 그러한 판단이 옳은지 그른지 결정하기가 어렵다. 어떤 정보가 정말로 적합한가를 판단하는 것은 사건이 완전히 해결될 때까지 불가능하다. 사건이 완전히 해결된 후에 김 형사의 수첩 내용에 대한 판단이 올바른 판단이었는지 알 수 있을 뿐이다. 따라서 다음과 같은 분류는 잠정적으로만 옳을 뿐이다.

×표:12, 27, 37, 41, 42, 43, 44, 45, 46

○표:나머지 항목들

▷각각의 항목을 차례대로 검토해 나가면서, 왜 적합하다고 생각하는지, 또는 왜 부적합하다고 생각하는지 그 이유를 생각해 본다.

▶"수사가 끝나기 전까지는 정보의 적합성 여부가 잠정적인 것이긴 해도 그날의 사건과 특별히 관련 없는 개인적인 특성 등에 관한 정보는 수사에 도움이 되지 않을 것입니다. 반면 아무리 하찮아 보이는 것이라 해도 고객들이나 은행 직원들, 그리고 형사가 관찰한 내용은 언제 유용하게 쓰일지 모르는 중요한 정보라고 볼 수 있습니다."

2)　① 1, 2, 3, 4, 9, 15, 16, 28, 29, 30, 31, 33, 47

　　② 5, 7, 8, 13, 14, 17, 18, 19, 20, 22, 23, 24, 25, 26, 32, 38, 39, 40, 48

　　③ 6, 10, 11, 21, 34, 35, 36

▶"김 형사의 수첩 내용 중에서 '적합성'에 대해서 우리가 서로 동의할 수 없는 항목이 몇 가지 있을 것입니다. 어떤 정보가 정말로 적합한가를 판단하는 것은 사건이 완전히 해결될 때까지 불가능한 것입니다. 다시 말해서, 사건이 해결된 후에야 김 형사의 수첩 내용에 대해서 우리가 잘못 판단한 것을 발견해 낼 수 있게 되는 것이지요. 이제부터는 박 형사의 수첩 내용을 검토해 보겠습니다."

1-3

▷앞의 경우와 마찬가지로, 사건이 완전히 해결된 후에야 박 형사의 수첩 내용에 대한 판단이 올바른 판단이었는지 알 수 있을 것이다. 따라서 다음과 같은 분류는 잠정적으로만 옳을 뿐이다.

×표:13, 14, 21, 25

○표:나머지 항목들

1-4

▷앞의 경우와 마찬가지로, 사건이 완전히 해결된 후에만 수사반장의 수첩 내용에 대한 판단이 올바른 판단이었는지 알 수 있을 것이다. 따라서 다음과 같은 분류는 잠정적으로만 옳을 뿐이다.

×표:1, 2, 3, 4, 5, 6, 7, 10, 15

○표:나머지 항목들

▶"여러분은 지금까지 세 명의 수사관들의 기록을 검토하면서 특별히 의심이 가는 사람들이나 정보는 없었나요? 이 점을 한 번 주의 깊게 생각하면서 아래의 내용을 읽어 보세요."

생각연습　70~71쪽

2-1

1)　이영순

2)

▷학생들 각자 판단한 결과를 발표해 보게 하고, 그렇게 판단한 이유도 말하도록 한다.

3)　더 많은 정보를 수집한다./부적합한 것이라고 판단한 정보들도 다시 잘 검토해 본다.

▶"정보가 많은 것이 더 좋은 이유는 무엇인가요? (사건이 해결되기 전까지는 어떤 정보가 정말로 적합한 것인지 아무도 알 수 없기 때문입니다. 가능한 한 많은 정보를 수집해 두는 것이 유리합니다.)"

Ⅲ. 정보 수집하기

8. 정보의 일관성

앞에서 검토해 보았던 수사 기록에 나오는 정보들이 어떤 일관성을 가지고 있는지 살펴본다.

▶ "지난 시간에 배운 정보의 적합성 못지 않게 중요한 것이 정보의 일관성입니다. 수집한 정보들이 서로 일치하는가 따져 보는 기준이 정보의 일관성입니다. 오늘은 지난 시간에 함께 검토하였던 수사 기록에 나오는 정보들이 어떤 일관성을 가지고 있는지 살펴보게 됩니다."

첫 번째 생각여행 72~75쪽

▷ 앞에서 배웠던 '정보의 적합성'을 복습한다.

1-1

1) 적합한 정보:문제 해결과 관련성 있는 정보. 문제를 이해하고 해결하는 데 도움이 되는 정보
   부적합한 정보:문제와 관련이 없고, 문제 해결에 도움이 되지 않는 정보
2) ① 강도가 누구인가와 관련된 정보
   ② 목격자들과 관련된 정보
   ③ 강도 사건이 어떻게 일어났는가와 관련된 정보

▶ "여기에 나와 있는 정보를 살펴보면, 이영순이 강도를 도와준 공범일 수도 있을 것 같습니다. 만약 그것이 사실이라면 정보의 적합성 기준 세 번째인 '강도 사건이 어떻게 일어났는가를 설명하는 데 도움이 될 수 있다'에 해당합니다."

1-2

1) 아니다. 따라서 이 정보는 부적합한 정보이다.
2) 아니다. 따라서 이 정보는 부적합한 정보이다.

▶ "그렇습니다. 결국 이영순에 관한 정보는 부적합한 것 같습니다. 그래도 그 정보는 점검해 볼 가치가 있었다고 생각합니까? (그렇게 생각합니다.)"

"여기에 우리가 주목해야 할 점이 있습니다. 사건이 해결되기 전까지는 어느 정보가 적합하고 어느 것이 부적합한 것인지 확실하게 말하기 어렵다는 것입니다. 이영순에 관한 정보는 적합한 것처럼 보였지만, 결국 부적합한 것으로 드러났습니다. 이와 마찬가지로, 부적합해 보이는 정보가 때로는 적합한 것으로 판명될 수가 있는 것입니다."

두 번째 생각여행 75~79쪽

▷ 수집했던 정보들을 몇 가지 항목에 따라서 분류해 보고, 각각의 정보들이 일관성 있는 정보인지 확인해 본다.

2-1

1) 강도의 신체적 특징
2) 강도의 복장
3) 강도의 소지품
4) 목격자
5) 수상한 차량

2-2

공통점:정보를 항목별로 분류해서 정리하였다.
차이점:수사반장이 수집한 정보의 양이 적다. '강도의 복장'과 '강도의 소지품' 항목이 빠졌다

▶ "경찰은 자기들이 수집했던 정보들 중에서 일부는 일관성이 없다는 것을 알게 되었습니다. 그러면 정보들 중에서 일부가 일관성이 없다는 것은 무엇을 의미하나요? (정보들이 서로 일치하지 않는다는 뜻입니다.)"

"이제 우리는 경찰이 수집했던 적합한 정보들의 일관성을 분석해 볼 것입니다. 그렇게 하기 위해서 세 명의 형사들이 분류해 놓은 정보들 중에서 일치하는 점과 불일치하는 점을 조사해야 합니다. 이것을 한 눈에 알아볼 수 있도록 일관성 점검표를 만들었습니다."

생각연습 80~81쪽

3-1

▷ 각 항목에 해당하는 번호를 적어 넣고 일관성 여부를 함께 토론한다.

일관성을 판단하기 위해서는 적어도 두 사람 이상의 관찰이 필요하다.

1)

적합한 정보	김 형사	박 형사	수사반장	일관성 있는 정보
강도의 신체적 특징				
1. 신장	170cm	170cm	·	170cm
2. 체중	60~65kg	·	·	·
3. 나이	40~45세	·	30세	·
4. 머리	곱슬머리	곱슬머리	·	곱슬머리
5. 얼굴의 상처	·	칼자국	·	·
6. 걸음걸이	절름발이	절름발이	·	절름발이

2)

적합한 정보	김 형사	박 형사	수사반장	일관성 있는 정보
강도의 복장				
1. 옷	황갈색 비옷	검정색 외투/황갈색 비옷	·	황갈색 비옷
2. 마스크	붉은색 보자기	붉은색 보자기	·	붉은색 보자기
3. 신발	카우보이 부츠	·	·	·
4. 장갑	녹색	·	·	·

3)

적합한 정보	김 형사	박 형사	수사반장	일관성 있는 정보
강도의 소지품				
1. 무기	권총	식칼/권총	·	권총
2. 가방	갈색 종이 쇼핑백	갈색 종이 쇼핑백	·	갈색 종이 쇼핑백

4)

적합한 정보	김 형사	박 형사	수사반장	일관성 있는 정보
강도의 행동				
1. 강도가 출납 계원에게 한 말	"아가씨 가방에 돈을 넣어."	·	"아가씨 가방에 돈 집어넣어."	"아가씨 가방에 돈을 넣어."
2. 강도가 고객들에게 한 말	·	"모두 눈을 가려!"	·	·

5)

적합한 정보	김 형사	박 형사	수사반장	일관성 있는 정보
목격자				
1. 고객의 수	6~7명	6명	·	6명
2. 출납 계원의 수	1명	1명	·	1명
3. 사무원 소재	휴식중	다방	·	·
4. 경비원 소재	은행문 밖	·	은행문 밖, 다방	은행문 밖

6)

적합한 정보	김 형사	박 형사	수사반장	일관성 있는 정보
수상한 차량				
1. 자동차 모양	푸른색 소형 트럭	푸른색 소형 트럭	푸른색 자동차	푸른색 소형 트럭
2. 자동차 번호	3478	3678	3678	3678

▶ "오늘 배운 내용을 정리해 보겠습니다. 어떤 정보가 일관성이 있다는 것은 무엇을 의미하나요? (여러 정보들이 서로 일치한다는 것을 뜻합니다.)"

"일관성이 있는지 여부를 판단하기 위해서는 얼마나 많은 사람들의 관찰이 필요한가요? (적어도 두 사람 이상의 관찰이 있어야 합니다.) 그러나 우리가 수집한 정보가 정확하다는 것이 분명하고 확실하다면, 이 경우에는 두 명 이상의 관찰이나 정보가 꼭 필요한 것은 아닙니다. 하지만, 경찰이 해결해야 할 문제들이나 많은 다른 종류의 문제에서 우리가 수집한 정보가 모두 절대적으로 정확하다는 것을 확신할 수는 없습니다."

"여러 사람의 보고나 관찰 중에서 정보가 서로 일치하지 않는다는 것은 어느 쪽의 정보가 잘못되었다는 것을 알려줍니다. 일관성은 어떤 정보가 정확한가 정확하지 않은가를 찾아내는 열쇠입니다."

Ⅲ. 정보 수집하기

9. 정보의 신빙성

앞에서 배운 정보의 적합성, 일관성에 이어 여기서는 정보의 신빙성에 관하여 공부한다. 서로 상반되는 정보들 중에서 우선 신빙성 있는 출처의 정보를 가려내고, 이들이 서로 일치하는지를 살펴보면 대체로 정보의 일관성 문제가 해결된다.

▶ "정보의 중요한 세 가지 요소는 적합성, 일관성, 신빙성입니다. 이 가운데 두 가지 요소인 적합성과 일관성에 대해서는 이미 공부했습니다. 오늘은 정보의 신빙성에 대해서 공부를 하게 됩니다."

첫 번째 생각여행 82~84쪽

▶ "우리는 앞에서 형사들이 수집했던 정보들을 가지고 그 정보들의 일관성 여부를 알아보기 위해서 점검표를 만들어 보았습니다. 정보가 일관성이 있다는 것을 결정하는 기준은 무엇이었나요? (어떤 것에 대한 정보들이 두 가지 이상이면서 그것이 나타내는 사실들이 모두 일치하는가였습니다.)"

"형사들이 어떤 것에 대해 수집했던 정보들이 서로 다르면 그 정보는 일관성이 없는 정보로 결정되었습니다. 다시 말해서, 일관성이 없는 정보란 수집했던 정보들 중에서 적어도 하나가 부정확하다는 것을 의미합니다."

1-1

① 경찰이 정보를 기록하는 중에 실수를 저질렀다.
② 목격자의 관찰이 정확하지 않았다.
③ 목격자의 기억이 정확하지 않다.
④ 목격자가 일부러 사실을 말하지 않았다.

▶ "이와 같은 일관성 없는 정보가 생기는 네 가지 원인들은 모두 현실적으로 가능성이 있습니다. 그러나 그냥 대충 보기만 해서는 일관성이 없는 이유가 무엇인지 말하기가 어렵습니다. 가장 그럴 법한 것은 목격자가 잘못을 저질렀을 가능성입니다. 왜냐하면 사람들은 공포에 질려서 신경이 극도로 예민해지면 흔히 실수를 할 수도 있기 때문입니다. 또 목격자들이 이 사건에 도움을 주려고 하다 보면 분명하게 확인하지 못한 것이라도 추정해서 말할 수가 있습니다."

1-2

▶ "이 신빙성 점검표에 있는 정보들은 적합성은 있지만 일관성은 없는 정보들입니다. 이 정보들은 모두 종류별로 정보의 내용과 함께 그 출처가 표시되어 있습니다. 이제 여기서 우리가 생각해 보아야 할 것은 정보의 출처들 중에서 어느 것이 가장 실수가 많고 어느 것이 가장 적을 것인가 하는 것입니다. 이것을 쉽게 해결하기 위해서 경찰이 조사했던 정보의 출처들을 정리해 볼까요?"

1)
▷ 여러 고객들의 이름을 따로따로 나열하지 않고, '고객' 이라는 집합으로 묶어서 나타낼 수 있다.

　① 고객들
　② 은행 출납 계원
　③ 은행 경비원
　④ 은행 사무원
　⑤ 감시용 카메라

2) (5)→(2)→(1)→(3)→(4)

▶ "다음과 같은 질문들을 한번 생각해 보세요.
'강도를 가장 잘 볼 수 있는 장소는 어디인가요?'
'강도 사건 당시 은행 안에 있었던 것은 무엇인가요?'
'이 중에서 실수를 하거나 강도에 대한 정보를 놓칠 가능성이 가장 적은 것은 무엇인가요?'
'마지막 순서에 올 것은 무엇인가요?'
'왜 그렇게 생각하지요?'"

두 번째 생각여행 84~87쪽

▶ "신빙성이 있는 정보란 정확하고 사실일 수 있는 정보를 말합니다. 즉, 정보가 사실인지 분명하게 알 수는 없지만 사실일 가능성은 있는 정보입니다. 따라서 믿을 수 있는 정보이기도 합니다."

"이제 우리가 할 일은 일관성 없는 정보들 중에서 어떤 것들이 신빙성 있거나 사실을 정확하게 나타낼 가능성이 있는지를 알아내는 것입니다. 이를 위해서 앞에서 살펴보았던 신빙성 점검표로 다시 돌아가서 각각의 정보들의 신빙성을 점검해 봅시다."

2-1

1) 황갈색 비옷/가장 믿을 만한 감시용 카메라에 나타난 옷 색깔이고, 고객들의 의견도 일치한다.
2) 권총/감시용 카메라와 은행 출납 계원의 정보가 일치한다.
3) 6명/가장 믿을 만한 감시용 카메라와 출납 계원의 정보가 일치하기 때문이다.
4) 정확하게 말할 수 없다./사람들마다 다르게 이야기할 뿐만 아니라 나이는 겉으로만 봐서는 정확하게 알 수 없다.

▷세 가지 정보가 다 신빙성 있다고 가정하고, '30세~45세'라고 적도록 한다.

▶"우리가 신빙성을 판단할 때에 유의해야 할 점이 있습니다. 어떤 정보는 정확한 관찰이 가능하지만, 또 다른 종류의 정보들은 관찰이 쉽지 않다는 것입니다. 방금 살펴본 나이라든지 몸무게, 성격 같은 것에 관한 정보들은 그냥 눈으로 봐서는 정확한 관찰이 되지 않는다는 것이지요."

5) 정확하게 말하기 어렵다./몸무게도 나이와 마찬가지로 그냥 눈으로 보아서는 정확하게 얼마라고 말하기 어렵다. 따라서 '60kg~65kg'이었다고 말하는 것이 훨씬 신빙성이 있을 것이다.
6) 3678/차량은 밖에 있었기 때문에, 고객보다는 경비원이 더 잘 볼 수 있었을 것이다. 은행 사무원과 은행 경비원은 모두 은행 밖의 정보를 전해 준 사람이다.

▶"여기에 중요한 점이 하나 있습니다. 그것은 정보 출처 그 자체만으로는 그 정보가 가장 정확한 것이라고 판단하기가 어렵다는 것입니다. 왜냐하면 '어떤 정보의 출처가 정확한 것인가'는 찾고 있는 정보와 얼마나 연관성이 있는가와 관련이 있기 때문입니다."

2-2

1) 앞에서 김 형사는 푸른색 소형 트럭의 번호가 3478이라고 확신했으나, 가장 신빙성 있는 정보에 의하면 3678임이 밝혀지자 자기의 주장을 굽히고, 그 정보를 받아들였기 때문이다. 쓸데없이 자존심을 세우기보다는 정보를 더 중시했기 때문이다.

▶"맞습니다. 수사반장은 김 형사가 자존심을 앞세우기보다는 정보를 더 중시해서 생각을 바꾸었기 때문에 기뻐한 것입니다. 그렇게 하기는 참 어려운 것이죠. 그러나 현명한 사람이 되기 위해서는 그렇게 하는 것이 매우 중요합니다."

2) 은행 사무원과 은행 경비원의 정보가 더 정확하다는 사실을 알았기 때문이다.

생각연습 88~89쪽

3-1

신빙성이 있다. 정보가 일관성이 있기 때문이다.

3-2

1) 사람의 나이는 눈으로 보아서는 정확하게 말하기 어렵기 때문이다.
2) ① 키 ② 성격 ③ 몸무게 ④ 고향

Ⅲ. 정보 수집하기

10. 정보의 수집과 분석

앞에서 배운 내용들을 최종적으로 검토하는 과정을 통하여, 범인이 누구인지 밝혀지게 된다.

▶"이번 시간에는 그동안의 수사 기록들을 함께 읽어 가면서 일관성이나 신빙성이 없는 것 같아서 무시해 버렸던 정보들을 다시 검토하게 됩니다. 그리하여 적합성, 일관성, 신빙성이 없어서 무시해 버렸던 정보들도 나중에 새로운 가설을 평가해 보면 다시 쓸모 있는 정보가 될 수 있다는 점을 확인하게 될 것입니다."

첫 번째 생각여행 90~91쪽

1-1

1) 카메라는 사람과 달리 거짓말을 하지 않을뿐더러 실수도 할 수 없기 때문이다.
2) 강도가 돈을 훔칠 당시, 출납 계원은 눈을 가리고 있지 않았기 때문이다.
3) 은행 경비원과 은행 사무원/이들은 은행 밖에 있었기 때문에 그 트럭을 가장 잘 볼 수 있었다.

▷ 이 질문을 통해서, 정보가 어떤 것인가에 따라서 신빙성이 있는 출처가 달라질 수 있다는 점을 깨닫게 해 준다. 즉, 여기에서는 은행 안에서 있었던 일에 관한 정보인가, 아니면 은행 밖에서 있었던 일에 관한 정보인가에 따라서 신빙성 있는 출처의 순위가 달라지게 된다.

4) 많은 사람들이 동일한 내용을 진술한 경우가 그렇지 않은 경우보다 더 믿을 만하기 때문이다.

▷ 그러나 이 점은 항상 옳은 것은 아니다. 많은 사람들이 다 같이 잘못 본 것을, 한두 사람이 정확하게 볼 수도 있기 때문이다.

5) 체중이나 신장, 성격 등과 같은 정보는 정확하게 판단하기가 어렵기 때문이다.

두 번째 생각여행 92~98쪽

2-1

1) 수집했던 정보들이 모두 쓸모 없는 것이 되어 가는데도 아직 범인을 찾아내지 못하고 있기 때문이다.
2) 수집한 정보가 부정확한 정보였거나, 가치 없다고 제쳐 놓은 정보들 중에 중요한 정보가 포함되어 있거나 하기 때문이다.
3) 제쳐 놓았던 정보들을 포함하여 모든 정보들을 차근차근 다시 살펴본다/새로운 정보들을 더 수집한다/수집된 정보들을 바탕으로 여러 가지 가능성을 두고 여러 방면으로 가설을 세워 본다.
4) 답 생략

▷ 각자 나름대로 가설을 세워 보게 하고, 범인이 누구인지 결론을 내려 보게 한다. 그리고 다른 학생들이 발표한 가설과 결론에 대하여 문제점을 지적해 보게 한다.

2-2

1)

항목 \ 용의자	강도	양송식	곽철수	진인덕	박순섭
1. 복장	황갈색 비옷	청색 작업복	황갈색 비옷	녹색 잠바	?
2. 신장	170cm	165cm	180cm	175cm	170cm
3. 체중	60~65kg	55kg	75kg	85kg	64kg
4. 나이	30~45세	40세	57세	34세	32세
5. 머리카락	곱슬머리	곧은머리	곱슬머리	곧은머리	곧은머리
6. 걸음걸이	다리를 전다	정상	정상	정상	정상

▶ "표에 있는 사람들의 의복과 신체적 특징을 조심스럽게 살펴보면서 강도와 용의자들 각각의 인상 착의를 비교하여 보세요. 그리고 각 용의자들의 인상 착의들 중에서 강도와 가장 비슷한 점을 찾아서 표시해 보세요."

2) 이 표만 보고 판단한다면 곽철수가 범인에 가장 가깝다. 황갈색 비옷을 입고 있었고, 곱슬머리이기 때문이다.

▷ 여기에서는, 표면상 범인에 가장 가까운 용의자가 누구인지 찾아보게 한다.

2-3

1) 아니다. 곽철수는 나이가 너무 많고 체구가 너무 크다.

▶ "그러나 나이, 체중, 신장은 정확하게 관찰하기 어렵다는 것을 항상 명심하기 바랍니다. 그래도 그 많은 정보들이 전혀 동떨어진 것들은 아닌 것 같습니다."

2) 박순섭이 범인임을 숨기기 위해서 변장을 했을 것입니다.

2-4

박순섭이 가발을 쓰고, 다리를 저는 흉내를 냈을 것이다.

생각연습 98~100쪽

3-1

1) 양송식에 관한 정보들

2) 어떤 정보가 정말 적합한 것인지 부적합한 것인지는 사건이 완전히 해결되기 전까지 판단하기 어렵다. 수사 초기에는 모든 정보들을 전체적으로 짜 맞추기가 어렵고, 수사가 진행되면서 결정적 단서가 되는 새로운 정보가 계속 발견될 수도 있기 때문이다.

▶ "어려운 문제를 해결하는 열쇠는 정보를 수집할 때 철저를 기하면서도 편견을 갖지 않는 것입니다. 수집한 정보는 부적합하거나 일관성이 없거나 신빙성이 없는 것일 수 있습니다. 따라서 적합성, 일관성, 신빙성을 고려하여 정보들을 합리적으로 정리해 보아야 합니다. 그리고 최종적으로 문제가 완전하게 해결될 때까지 여러분이 세웠던 가설은 언제든지 다시 검토해 보아야 한다는 점을 항상 명심하기 바랍니다."

Ⅳ. 문제 해결 연습

11. 문제 해결 연습 ①

주어진 문제를 체계적 시행착오의 방법을 이용하여 해결하는 공부를 하게 된다.

▶ "민주는 친구들과 함께 재미있게 놀다가 집에 와 보니 그만 새로 산 외투를 어디에 두고 왔는지 찾을 수가 없었습니다. 이때 민주가 외투를 어디에 두고 왔는지 쉽게 알아내는 방법은 무엇인가요? 우선 놀았던 장소를 순서대로 생각해 보는 것이 좋을 것입니다. 그렇게 해서 두고 온 곳이 생각났다면 그곳에 전화를 해 보거나 직접 찾아가면 될 것입니다. 그러나 생각이 나지 않는다면 놀았던 곳마다 전화를 하거나 돌아다녀야만 할 것입니다."

"때때로 어떤 문제들은 몇 가지 해결 가능한 방법들을 갖고 있습니다. 그러한 경우 가장 빠르면서도 올바른 답을 찾기 위해서는 그러한 가능성을 어떤 방식으로든 좁혀 가야 할 것입니다. 여기서는 바로 그런 방법에 대해서 배우게 됩니다."

첫 번째 생각여행 102~106쪽

▷ 체계적 시행착오의 방법 가운데, ①여러 가지 예상 답안을 적용하는 방법과 ②답이 될 수 없는 것을 지워나가는 방법에 대해서 공부한다.

1-1

1) 6잔입니다.

▶ "그렇습니다. 그렇다면 아이들은 어떻게 6잔을 살 수 있었나요? 우선 우유 4잔과 주스 2잔을 사는 방법, 또는 우유 1잔과 주스 5잔을 사는 방법을 생각해 봅시다."

2) 800+800=1,600원. 아니오. 200원이 남습니다.

3) 200+2000=2,200원. 아니오. 400원이 모자랍니다.

▶ "그렇다면 정답은 위 두 가지 경우의 중간쯤에 해당하는 것 같군요. 잊지 말아야 할 것은 언제나 음료수 6잔이어야 한다는 것입니다. 정답을 찾으려면 어떻게 해야 하나요?"

"위의 예들은 '예상 답안' 들이라고 할 수 있습니다. 위의 두 가지 외의 예상 답안들을 더 생각해 볼까요? 6잔의 음료수가 모두 우유나 주스일 가능성도 있습니다."

4)

우유	주스
0	6
1	5
2	4
3	3
4	2
5	1
6	0

5) 우유 3잔과 주스 6잔

▶ "앞에서 계산해 본 것을 통해 알 수 있었던 것은 무엇인가요? (정답이 '우유 4잔+주스 2잔' 과 '우유 1잔+주스 5잔' 사이에 있다는 것을 알았습니다.)"

" '우유 2잔+주스 4잔' 이나 '우유 3잔+주스 3잔' 중의 하나일 것 같습니다. 계산해 보고 정답을 찾아봅시다. (정답은 우유 3잔 600원+주스 3잔 1,200원=1,800원입니다.)"
"잘 찾아냈나요? 어떤 문제에 관해서 이와 같이 답을 찾아내는 방법을 체계적 시행착오의 방법이라고 합니다."

1-2

▶ "숫자가 들어가야 할 네모 칸이 9개 있습니다. 각 네모 칸 안에는 서로 다른 숫자가 들어가야만 합니다. 그러므로 일단 어느 한 칸에 하나의 숫자를 넣고 나면 다른 칸에는 그 수를 넣을 수 없습니다."

1)

첫 번째 수	두 번째 수	세 번째 수
1	3	9
1	4	8
1	5	7
2	3	8
2	4	7
2	5	6
3	4	6

2)

▶ "우선 어떤 가능성을 선택할 수 있는지 생각해 볼까요? 9라는 숫자는 한 경우밖에 없으므로 〈1+3+9〉는 반드시 어딘가에 들어가야겠군요. 또 다른 가능성은 무엇인가요?"
"모두 7가지의 가능성이 있습니다. 그리고 9라는 숫자는 어느 곳엔가 한 번만 나타나야 하므로, 모퉁이에는 들어갈 수 없습니다. 모퉁이에는 두 경우에 공통적으로 들어가는 수가 와야 하기 때문입니다. 그러므로 일단 1, 3, 9를 맨 윗줄에 써넣어 보세요."
"일단 1, 3, 9라는 수가 사용되었으므로, 다음 줄에는 나머지 숫자들을 적어넣어 가면서 문제를 해결하여 보세요."

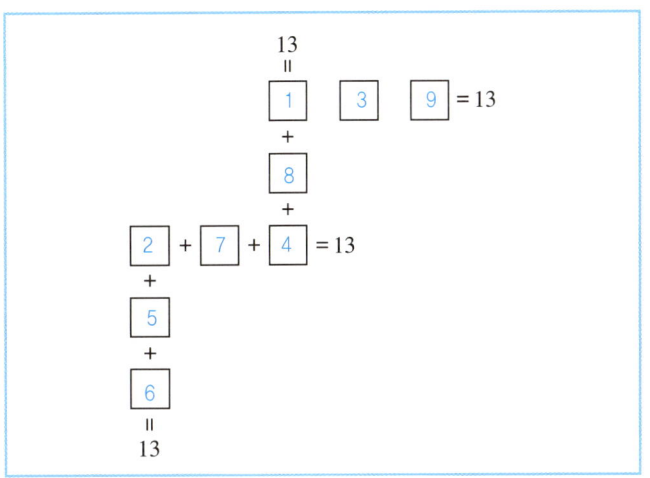

1-3

▶ "이 문제도 체계적인 시행착오의 방법으로 해결해 나가야 할 문제입니다. 그 첫 번째 단계는 합해서 20이 되는 네 가지 숫자로는 어떤 것들이 있는지 알아보아야 합니다. 물론 네 개의 숫자는 모두 달라야 합니다."

첫 번째 수	두 번째 수	세 번째 수	네 번째 수
1	2	8	9
1	3	7	9
1	4	6	9
1	4	7	8
1	5	6	8
2	3	6	9
2	3	7	8
2	4	5	9
2	4	6	8
2	5	6	7
3	4	6	7
3	4	5	8

▷ 하나의 수만을 공통으로 갖는 두 경우를 찾고, 공통되는 수를 모퉁이에 넣어 놓고 다시 생각해 보면서 문제를 해결한다.
▶ "만일 위의 예상 답안들 중에서 어느 두 가지가 맞는 답의 일부가 되려면 어떤 특징을 가지고 있어야 하나요? (오직 하나의 숫자만을 공통으로 갖고 있어야 합니다. 즉, 모퉁이에 들어갈 하나의 수만을 공통으로 갖고 있어야 합니다.)"
"그러면 그런 쌍을 찾아볼까요? 찾아서 검토해 보고 그것이 답이 될 수 있는가를 알아보세요. 여기서 삼각형의 한 변의 숫자들은 필요에 따라서 순서를 서로 바꿀 수 있다는 사실을 항상 잊지 마세요. (1+5+8+6과 1+3+7+9가 있습니다.)"
"아직 사용되지 않은 수는 무엇인가요? (2와 4입니다.)"
"그것들을 사용되지 않은 변 가운데에 넣어 보고, 합해서 20이 되는지 확인해 보세요. (21이 됩니다.)"
"합이 20이 되게 하려면 어떻게 해야 할까요? (1+5+8+6의 순서를 1+6+8+5로 바꾸면, 5+2+4+9=20이 됩니다.)"

2)

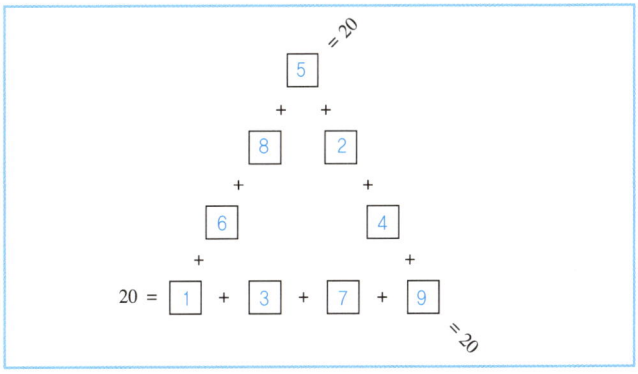

생각연습 106~109쪽

2-1

1) 44 + 44 + 4 + 4 + 4 = 100

▶ "모두 합하면 얼마가 될까요? (28이 됩니다. 따라서 이것은 원하는 답이 아닙니다.)"

"답이 너무 적게 나왔으므로 크게 만들어야 합니다. 어떻게 하면 될까요? (앞에 있는 4를 두 개 합쳐 44를 만들고 다시 더해 봅니다. 합해 보면 64가 됩니다.)"

"합을 더 크게 해야겠군요. 어떻게 하면 좋을까요? (44를 한 개 더 만들고 더해 봅니다.)"

"44를 세 개 만들면 어떨까요? 44를 세 개 만들면 132가 되어 우리가 원하는 100을 훨씬 넘어 버리는군요. 44를 두 개만 만들고 합하여 보세요. (44 + 44 + 4 + 4 + 4 = 100이 됩니다.)"

2) ① 9 + 8 + 7 + 6 + 5 + 43 + 21 = 99
       9 + 8 + 7 + 65 + 4 + 3 + 2 + 1 = 99
   ② 13 + 5 + 7 + 9 + 7 + 5 + 3 + 1 = 50
   ③ 1 + 1 + 11 + 111 = 124

3) 400원짜리 궤도열차 1장, 300원짜리 회전열차 5장이다. 또는 400원짜리 회전열차 1장, 300원짜리 궤도열차 5장이다.

궤도열차(회전열차)		회전열차(궤도열차)		검토 결과
0		1900	100×19	
100	100×1	1800	100×18, 200×9, 300×6	
200	100×2, 200×1	1700	100×17	
300	100×3, 300×1	1600	100×16, 200×8, 400×4	
400	100×4, 200×2, 400×1	1500	100×15, 300×5	정답
500	100×5	1400	100×14, 200×7	
600	100×6, 200×3, 300×2	1300	100×13	
700	100×7	1200	100×12, 200×6, 300×4, 400×3	
800	100×8, 200×4, 400×2	1100	100×11	
900	100×9, 300×3	1000	100×10, 200×5, 500×2	

4) 2살, 2살, 6살

▶ 김씨는 쌍둥이 아빠이므로 세 아이 중 둘은 나이가 같을 것이고, 큰 아이가 위층에서 잠을 자고 있다고 했으니까 쌍둥이는 둘째와 셋째일 것이다.

셋째	둘째	첫째	합	곱
1	1	11	13	11
2	2	9	13	36
3	3	7	13	63
4	4	5	13	80

▶ 이 표에 따르면 김씨의 세 아이 중 쌍둥이는 2살, 2살이고 첫째 아이가 9살이다.

5) '사과와 귤' 상자를 열어 보면 된다.

▶ 예상되는 답안을 다음과 같은 표에 만들고 생각해 본다.

이름표	사과	귤	사과와 귤
속에 있는 과일	귤	사과	사과
	사과+귤	사과+귤	귤

▶ 이름표가 〈사과〉인 상자에는 분명히 귤이나 사과+귤이 들어 있을 것이다. 따라서 〈사과〉 상자에서 귤이 나와도 그것이 원래 귤 상자인지 사과+귤 상자인지 알 수가 없다. 이름표가 〈귤〉인 상자도 마찬가지로 사과가 나왔다 하더라도 그것이 원래 사과 상자인지 사과+귤 상자인지 분명하지 않다. 그러나 만약 이름표가 〈사과와 귤〉인 상자에서 사과가 나왔다면 그 상자 속에는 사과만 있는 것이 확실하므로 〈사과와 귤〉 상자 속에는 사과가, 〈사과〉 상자 속에는 귤이, 〈귤〉 상자 속에는 사과+귤이 들어 있다는 것을 확실히 할 수 있다. 〈사과와 귤〉인 상자에서 귤이 나와도 각각의 상자 속에 어떤 과일이 들어 있는지 분명해진다. 따라서 〈사과와 귤〉 상자를 한 번만 열어 보면 과일 상자 세 개의 이름표를 알 수 있다.

6) 명호

▶ 네 명의 아이 중에서 오직 한 아이만 참말을 하고 있다는 영호의 말에 따라서 다음과 같은 표를 만든다.

병수	성호	연수	명호
T	F	F	F
F	T	F	F
F	F	T	F
F	F	F	T

▶ 병수가 참말을 했다면 나머지 세 아이는 거짓말을 한 것이어야 하는데, 연수와 명호도 참말을 한 것이 되므로 정답이 되지 못한다. 성호가 참말을 했다면, 명호도 참말을 한 것이 되므로 정답이 되지 못하고, 명호가 참말을 했다면, 나머지 세 아이 중에 한 사람이 참말을 한 것이 되므로 정답이 되지 못한다. 연수가 참말을 했다면, 명호가 유리창을 깬 사람이라고 할 경우 명호, 병수, 성호 모두 거짓말을 한 것이 되므로, 주어진 정보와 들어맞는다. 따라서 유리창을 깬 아이는 명호다.

Ⅳ. 문제 해결 연습

12. 문제 해결 연습 ②

여기에서는 주어진 문제의 숨겨진 단서를 찾아내어 문제를 해결하는 방법을 연습하도록 구성되었다.

▷ 준비물: 학생 1인당 성냥개비(또는 이쑤시개) 16개

▶ "지난 시간까지 우리는 주어진 문제의 내용을 그림이나 기호로 나타내는 방법과 예상 답안을 적용해 보는 체계적 시행착오의 방법을 이용하여 문제를 해결하였습니다. 그러나 만약 문제에 대한 답을 그림으로 구할 수 없거나, 예상되는 답이 너무 많아서 체계적 시행착오의 방법이 적용되기 어려운 경우에는 어떻게 문제를 해결해야 할까요?"

"오늘은 그러한 경우에 문제를 해결하는 방법에 대해서 배우게 됩니다. 이 방법은 '숨겨진 단서를 찾아내는 방법' 입니다. 예를 들어서 얽혀 있는 실을 풀어야 한다고 합시다. 이 실을 푸는 한 가지 방법은 먼저 실의 끝을 찾아내는 것입니다. 어느 때는 그 끝을 찾기가 쉽지 않겠지만 우리는 실의 끝이 두 개라는 사실은 알고 있습니다. 실의 두 끝을 찾아내는 것처럼, 문제 속에는 문제를 해결하는 데 결정적인 단서가 있기 마련입니다. 문제의 진술 가운데 반드시 단서가 들어 있기 때문에 주어진 문제의 내용을 주의 깊게 읽고 그 단서를 찾아내는 일이 무엇보다도 중요합니다."

첫 번째 생각여행 110~112쪽

▶ "지난 시간에 배운 체계적 시행착오의 방법은 문제를 해결하는 매우 중요한 방법입니다. 우리는 예상 답안들을 모두 나열한 뒤에 문제를 주의 깊게 읽고, 부적당한 예상 답안들을 제거해 가며 정답을 찾아냈습니다. 그런데 이 방법에는 한 가지 중대한 단점이 있습니다. 그것은 무엇일까요? (어떤 문제의 경우에는 예상 답안이 너무 많아서 그것들을 나열하기가 불가능하다는 점입니다.)"

▶ "그런 경우에는 예상 답안만으로는 정답을 구할 수 없다는 사실을 빨리 알아차리는 것이 중요합니다. 이제부터는 그런 경우에도 쉽게 답을 구할 수 있는 방법을 배워 봅시다."

1-1

```
    ㄱ ㄴ ㄷ
+   ㄷ ㄴ ㄱ
─────────
  ㄹ ㄹ ㅁ ㄹ
```

▷ 다른 형태도 얼마든지 가능하다. 단, 같은 숫자는 같은 문자로 나타낸다는 규칙만 지키면 된다.

1-2

```
    6 2 1
+   3 8 6
─────────
  1 0 0 7
```

▶ "영문자를 숫자로 바꾼 뒤 계산하여 답이 맞는지 확인하여 보세요. (답이 맞습니다.)"

"이제부터는 좀더 까다로운 문제들을 다루어 볼까 합니다. 이 문제들에서는 도움을 줄 코드가 없기 때문에 여러분 스스로 주어진 문자들이 어떤 숫자를 나타내는지 찾아내야만 합니다."

1-3

▶ "우리가 해야 할 일은 코드를 푸는 일입니다. 이 문제를 푸는 유일한 단서는 '그 합이 옳다' 는 점입니다. 이런 문제는 체계적 시행착오의 방법으로 풀 수 없습니다. 예상 답안이 너무 많이 나오기 때문입니다."

"서로 다른 영문자는 몇 개가 있나요? 무엇 무엇인가요? (6개입니다. L, E, R, B, A, M입니다.)"

"R은 2일 수 있나요? 만일 R이 2라면 (L+B)는 무엇이 되어야 할까요? (20 이상이 되어야 합니다.) 이것이 가능한지 생각해 봅시다. L이 될 수 있는 가장 큰 수는 얼마이지요? (9입

니다.) 그러면 B가 될 수 있는 가장 큰 수는 얼마이지요? (8입니다.)"

"그러면 L+B가 될 수 있는 가장 큰 수는 얼마인가요? (9+8=17이므로, 17 이하입니다. 따라서 R은 1입니다.)"

"R의 자리에 1을 적어 넣으세요. R은 1이라는 것이 밝혀졌으므로, L은 얼마이지요? (R+R=L=2가 됩니다.)"

"(L+B) 의 합은 얼마가 가능하지요? (10, 11, 12 중의 하나입니다.)"

"따라서 B는 7, 8, 9 중의 하나가 되겠군요. 각각의 수를 넣어 보고 검토해 보세요."

"L+B는 10, 11, 12 중의 하나인데 L+B의 일의 자리 수인 A는 R이 1이고 L이 2이기 때문에 0이 될 수밖에 없습니다."

"그렇다면 B가 무엇인지 알아냈나요? (B는 7일 수 밖에 없습니다.)"

"그러면 나머지 숫자들은 얼마가 되나요? (A= 0, E=5, M=3이 됩니다.)"

```
   2 5 5 1
+  7 7 5 1
─────────
 1 0 3 0 2
```

1-4

1)

▶ "이 계산식의 특징을 말해 보세요. (문자의 종류는 A, E, R 세 가지이고, 같은 문자가 두 개씩 있습니다.)"

"맨 아래 답의 100자리에 있는 A는 얼마이어야 하나요? (올림수이기 때문에 1이어야 합니다.)"

"십의 자리에 있는 E 위에는 아무 것도 없고, 아래에 있는 합의 수는 R로 되어 있습니다. 이것으로 무엇을 알 수 있나요? (E는 9이고, 어떤 올림수를 더했다는 것을 알 수 있습니다.)"

"더할 수 있는 올림수는 1밖에 없으므로, E+1=10이 됩니다. R은 어떤 수가 되나요? (0입니다.)"

"완성된 식은 다음과 같습니다."

```
       1
+     9 9
─────────
     1 0 0
```

2)

▶ "I는 올림수이므로 얼마일까요? (1입니다.)"

"따라서 (A+A)는 얼마가 되어야 하지요? (10입니다. 그래서 A는 5임을 알 수 있습니다.)"

"나머지 L과 E는 쉽게 알 수 있지요? (L은 5+1=6이고, E는 2입니다.)"

```
   5 6 5
+  5 6 1
─────────
 1 1 2 6
```

▶ "문제 속에 숨겨진 내용을 알아내려면 스스로 생각해서 단서가 될만한 것들을 모두 이용해야 합니다. 그리고 문제를 성급하게 읽지 말고 천천히 읽는 것도 잊지 마세요. 아무리 판단력이 뛰어난 사람이라 하더라도 문제를 잘못 읽으면 아무 소용이 없겠지요? 계속해서 문제에 숨겨진 단서를 찾아서 문제를 해결하는 연습을 하여 봅시다."

생각연습 112~114쪽

2-1

1)

▶ "이 문제를 살펴보고 발견한 점을 모두 말해 보세요. (이것은 곱셈 문제입니다. 세 자리 수에 2를 곱해서 네 자리 수가 되었습니다.)"

"답 중에서 맨 처음 숫자는 얼마가 되어야 하지요? (올림수이므로, 1이어야 합니다. 어떤 한 자리수에 2를 곱했을 때, 가장 큰 수는 2×9=18이기 때문입니다.)"

"답 중에서 가장 오른쪽 A는 얼마이어야 하지요? (A는 2이어야 합니다. 2×1=2이기 때문입니다.)"

"또 알 수 있는 것은 무엇이지요? (2×2=4이므로, L은 4입니다. 계산을 해보면 C는 7이 되어야 합니다.)"

"완성된 식은 다음과 같습니다."

```
    7 2 1
×       2
─────────
  1 4 4 2
```

2)
▶ "계속해서 앞에서 배운 방법으로 다음 문제도 해결하여 봅시다. 먼저 이 문제의 특징은 무엇인지 생각해 보세요."

```
   8 5 9 4
+  1 5 9 4
―――――――――
 1 0 1 8 8
```

▶ "이 문제의 첫 번째 단서는 맨 아래 첫 번째 C가 올림수라는 점입니다."

3)

```
   5 8 2 3
×        4
―――――――――
 2 3 2 9 2
```

▶ "이 문제의 첫 번째 단서는 답의 만의 자리에 있는 A는 R과 4의 곱의 십 자리 수이므로 1, 2, 3 중의 하나라는 점입니다. 그리고 맨 오른쪽 A는 어떤 수에 4를 곱해서 나온 1의 자리 수인데, 4를 곱했을 때 1의 자리에는 언제나 짝수가 나와야 합니다. 따라서 A는 2이어야 합니다. 그렇다면 L은 3 또는 8이어야 하는데 각 수를 식에 대입해 보면 L이 3이어야 식이 성립합니다."

4)

```
   2 7 2
+  4 7 2
―――――――
   7 4 4
```

▶ "먼저 A는 어떤 수가 될 수 없는지 생각해 보세요."
▷ A+A는 올림수가 없어야 한다. 올림수가 있다면 L+L 또는 U가 홀수가 되어야 하기 때문이다. (두 수의 합이 홀수가 되는 법은 없다.) 그러므로 A=1, 2, 3, 4 중 하나이다. 이 수들을 하나씩 넣어 보고 검토해 본다.

5)

```
   4 9 7
+  4 9 7
―――――――
   9 9 4
```

▶ "이 문제의 특징은 R이 4개 있다는 점입니다. R+R의 남은 수가 일의 자리에서 올라온 1과 합하여 다시 R이 되는 수를 생각해 보세요. 이것을 만족하는 수는 9뿐입니다. 9+9=18이 되고, 일의 자리에서 1이 올라왔다면 19가 가능하므로, R은 9입니다. 다음으로 A+A 올림수 1을 더하면 9가 되어야 하므로 A+A=8이 되고, 따라서 A=4입니다. 그리고 P+P=4이므로 P=2 또는 7이 되어야 하는데, 올림수가 있어야 하므로 P=7입니다."

▶ "문제를 검토할 때 제시된 답의 특징을 생각해 보면 문제를 해결하는 방법을 쉽게 찾을 수 있습니다. 이제부터 성냥개비 16개를 이용하여 여러 가지 도형을 만드는 문제를 해결해 보기로 합시다."

2-2

1)
▶ "정사각형 1개를 만드는 데에는 몇 개의 성냥개비가 필요하나요? (4개입니다.)"
"정사각형 4개를 만들려면 몇 개의 성냥개비가 필요하나요? (16개입니다.)"
"그런데 위에서는 어떻게 성냥개비 16개를 가지고 5개의 정사각형을 만들 수 있었나요? (변을 공통으로 갖는 정사각형이 있기 때문입니다.)"
"16개의 성냥개비로 4개의 정사각형만을 만들려면 정사각형들이 공통으로 갖는 변이 없어야 합니다. 이 점을 잘 생각하고 어떤 성냥개비를 옮겨야 할지 생각해 보세요."

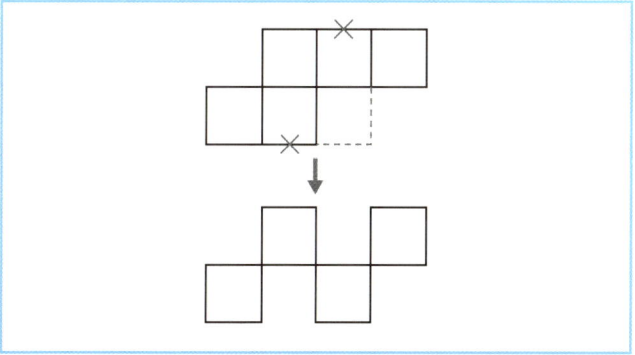

2)
▶ "4개의 정사각형들 가운데 공통 변이 있나요? (네, 모두 공통 변을 갖고 있습니다.)"
"이제 12개의 성냥개비를 가지고 3개의 정사각형을 만든다면 공통 변이 있을까요? (없어야 합니다. 3개의 정사각형을 만들려면 각각 4개씩 12개가 필요하기 때문입니다.)"

"이제 어떻게 하면 성냥개비 3개를 움직여서 공통 변이 하나도 없게 정사각형 3개를 만들 수 있는가를 생각해야 합니다. 각자 성냥개비를 이리저리 움직여 보며 정답을 찾아보세요."

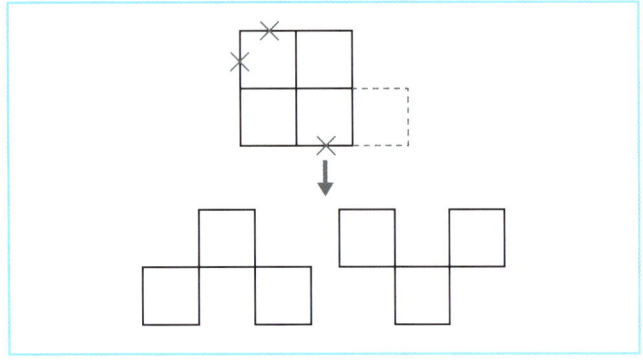

3)
▷ 서로 마주보는 모서리 부분에서 2개씩 옮기면, 이어지는 3개의 정사각형이 만들어진다.

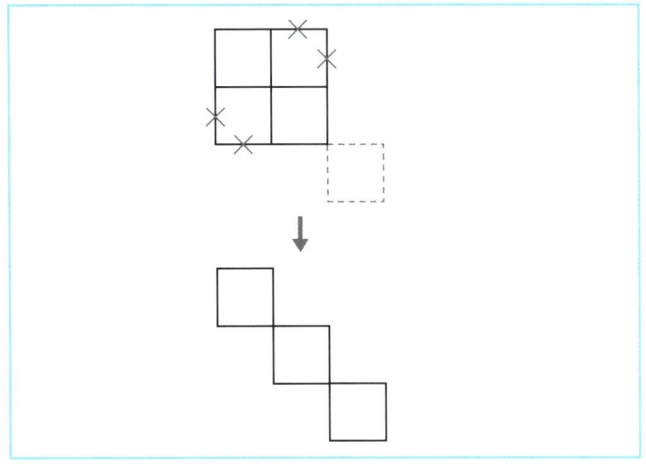

4)
▶ "이 문제가 앞의 문제들과 다른 점은 무엇인가요? (성냥개비를 다른 쪽으로 움직이는 것이 아니라, 빼 버린다는 점입니다.)"

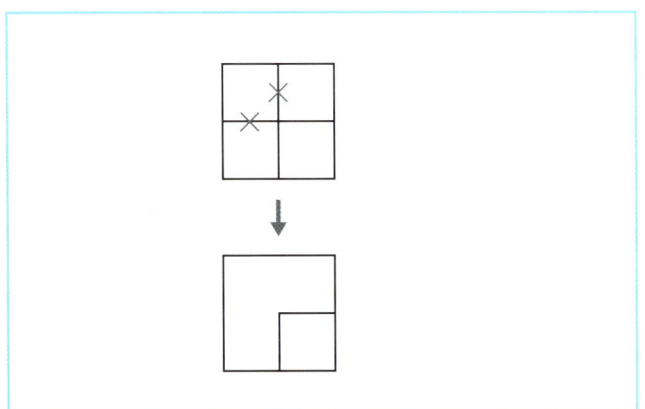

5)
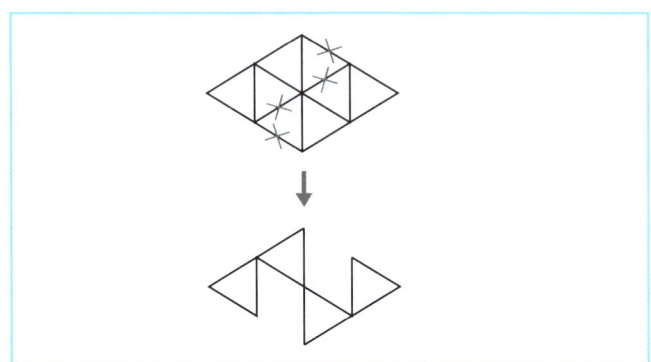

▶ "4개의 성냥개비를 들어내면 몇 개가 남게 되나요? (12개입니다.)"

"그 12개를 가지고 4개의 삼각형을 만들면, 공통 변을 가질 수 있나요? (없습니다.)"

"그러면 공통 변을 갖는 삼각형들을 골라서 4개의 성냥개비를 들어내면 될 것 같군요. 어떤 것을 들어내면 좋을지 생각해 보세요."

▶ "지금까지 우리들은 여러 가지 생각하는 방법을 이용하여 문제를 풀어 보았습니다. 생각하는 방법을 이 책에서 다룬 까닭은 여러분이 학교에서나 그 외의 곳에서 만나게 되는 온갖 종류의 문제들을 여러 가지 생각하는 방법을 이용하여 해결할 수 있도록 하기 위해서였습니다."

"여러분들이 지금까지 배운 것을 잘 기억하고 이용한다면, 아무렇게나 추측해 버리거나 성급한 결론을 내리는 일은 없을 것입니다. 여러분은 이제 주어진 문제를 전체적으로 잘 생각해 보고 올바른 답을 찾아낼 줄 아는 사람이 되었으리라 생각합니다."

6단계 평가문제
116~122쪽

1
1) (일요일 오후에) 영화를 본다.—재미있다.
2) (일요일 오후에) 놀이공원에 간다.—즐겁다.

2
1) (아침마다 학교에 가기 전에) 운동을 한다.—날씬해진다.
2) (아침마다 학교에 가기 전에) 운동을 하지 않는다.—뚱뚱해진다.

3
1) (머리가 아픈데) 병원에 간다.—아픈 주사를 맞고 쓴 약을 먹는다.
2) (머리가 아픈데) 병원에 가지 않는다.—계속 머리가 아프다.

4
1) (시험에서 모르는 문제가 나왔는데) A라고 쓴다.— ?
2) (시험에서 모르는 문제가 나왔는데) B라고 쓴다.—?

5
놀이공원에 갔는데,
① 내가 좋아하는 놀이기구를 탄다.—재미가 있다.
② 내가 싫어하는 놀이기구를 탄다.—재미없다
③ 처음 보는 놀이기구를 탄다.—?

6
결과가 좋은 것을 선택한다. 내가 싫어하는 놀이기구는 재미가 없을 것이고 처음 보는 놀이기구는 결과를 알 수 없어 위험 부담이 있다.

7
컴퓨터 게임용 CD 세 가지 중에서 한 가지를 선택해야 한다. 두 가지 CD만 별로 재미가 없는 것이고, 나머지 하나는 내용을 알 수 없는 것이다. 어떤 것을 선택해야 하는가?

8
알 수 없는 놀이를 선택한다. 어차피 나머지 두 가지는 나쁜 결과가 이미 정해졌기 때문이다.

9
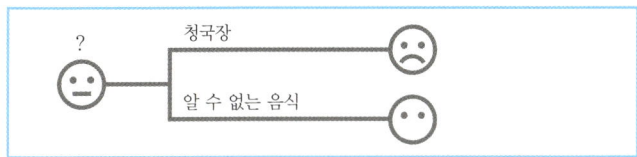

10
알 수 없는 음식. 알 수 없는 음식은 싫어하는 음식일 수도 있지만, 좋아하는 음식일 수도 있기 때문이다.

11
1)
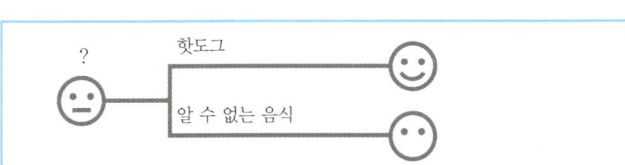

2) 핫도그를 선택한다. 알 수 없는 음식은 어차피 지수가 가장 좋아하는 햄버거와 피자가 아니므로, 약간이라도 좋아하는 핫도그를 선택한다.

12
① 안전성 ② 가격 ③ 모양/색상 ④ 견고성 ⑤ 탄력성 ⑥ 사은품

13

항목	중요도
안전성	6
가격	5
모양/색상	4
견고성	3
탄력성	2
사은품	1

14

항목	중요도	킥보드 1	킥보드 2
안전성	6	2(12)	1(6)
가격	5	2(10)	1(5)
모양/색상	4	1(4)	2(8)
견고성	3	2(6)	1(3)
탄력성	2	1(2)	2(4)
사은품	1	1(1)	2(2)
선호도 합계		9(35)	9(28)

15

킥보드 1

16

적합한 정보는 사건의 해결에 도움이 되는 정보, 문제를 이해하고 해결하는 데 유용한 정보이고, 부적합한 정보는 사건의 해결에 도움이 되지 않는 정보이다.

17

2, 4

18

$55 + 55 - 5 - 5 = 100$

19

$1 + 2 + 34 + 56 + 7 + 8 + 9 = 117$

20

```
    8 5 9 4
+   1 5 9 4
-----------
  1 0 1 8 8
```